Benötigen Sie für einen Arbeitsauftrag das Fachbuch, so ist der Hinweis im Text durch das Wort Fachbuch gekennzeichnet. Sie finden in der Randspalte das **Fachbuchsymbol** mit einem entsprechenden Seitenverweis.

Wenn ein Arbeitsauftrag mit einer bestimmten Methode verbunden ist, ist diese im Text jeweils blau hervorgehoben. Das **„Lupen"-Symbol** in der Randspalte weist Sie auf die entsprechende Seite im Methodenteil hin, auf der die Methode ausführlich erklärt ist.

Sie finden zu einigen Arbeitsaufträgen zusätzliche **Texte**, die Ihnen weiterführende Informationen bieten.

Zu jeder Lernsituation finden Sie **Aufgaben für die Praxis**, die Sie während Ihrer Praxiseinsätze in Abstimmung und Zusammenarbeit mit Ihrer Praxisanleiterin bearbeiten können.

Die **Literaturtipps** am Ende jeder Lernsituation stellen Ihnen passend zur Lernsituation relevante Bücher und Internetseiten zum vertiefenden Arbeiten vor.

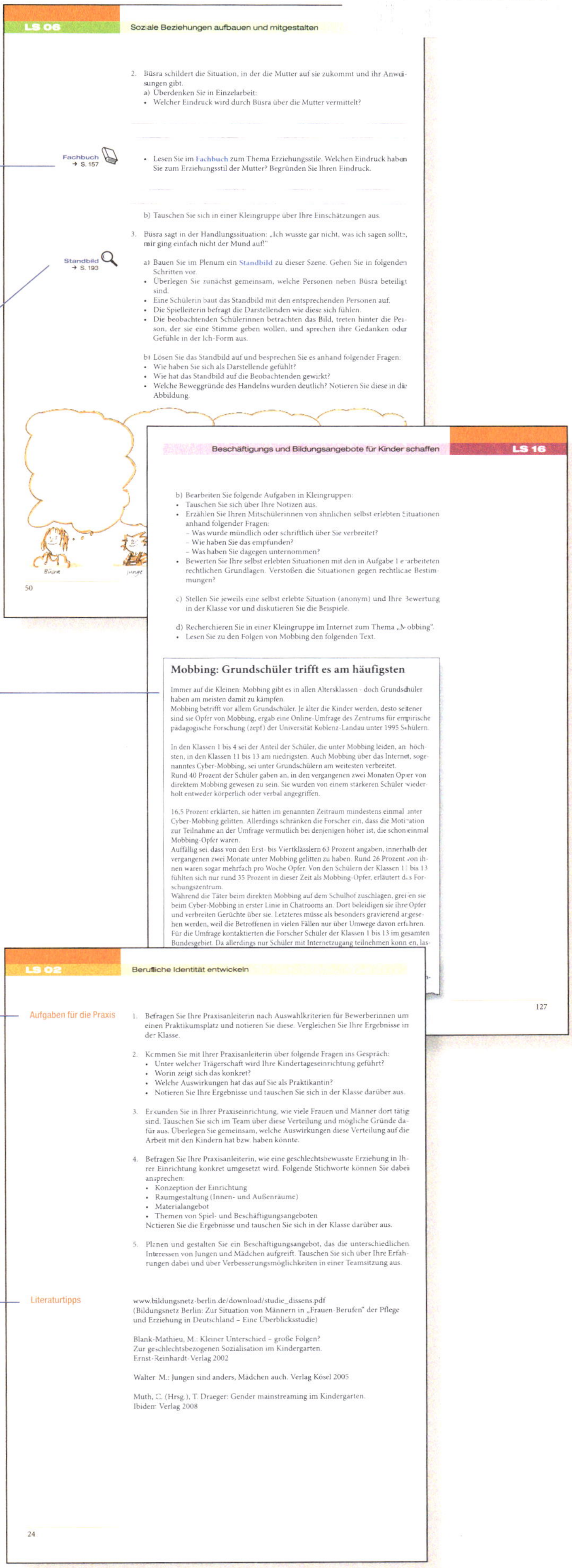

LS 06 Soziale Beziehungen aufbauen und mitgestalten

2. Büsra schildert die Situation, in der die Mutter auf sie zukommt und ihr Anweisungen gibt.
a) Überdenken Sie in Einzelarbeit:
• Welcher Eindruck wird durch Büsra über die Mutter vermittelt?

Fachbuch → S. 157
• Lesen Sie im Fachbuch zum Thema Erziehungsstile. Welchen Eindruck haben Sie zum Erziehungsstil der Mutter? Begründen Sie Ihren Eindruck.

b) Tauschen Sie sich in einer Kleingruppe über Ihre Einschätzungen aus.

3. Büsra sagt in der Handlungssituation: „Ich wusste gar nicht, was ich sagen sollte, mir ging einfach nicht der Mund auf!"

Standbild → S. 193
a) Bauen Sie im Plenum ein Standbild zu dieser Szene. Gehen Sie in folgenden Schritten vor:
• Überlegen Sie zunächst gemeinsam, welche Personen neben Büsra beteiligt sind.
• Eine Schülerin baut das Standbild mit den entsprechenden Personen auf.
• Die Spielleiterin befragt die Darstellenden wie diese sich fühlen.
• Die beobachtenden Schülerinnen betrachten das Bild, treten hinter die Person, der sie eine Stimme geben wollen, und sprechen ihre Gedanken oder Gefühle in der Ich-Form aus.

b) Lösen Sie das Standbild auf und besprechen Sie es anhand folgender Fragen:
• Wie haben Sie sich als Darstellende gefühlt?
• Wie hat das Standbild auf die Beobachtenden gewirkt?
• Welche Beweggründe des Handelns wurden deutlich? Notieren Sie diese in die Abbildung.

Büsra Junge

50

Beschäftigungs und Bildungsangebote für Kinder schaffen LS 16

b) Bearbeiten Sie folgende Aufgaben in Kleingruppen:
• Tauschen Sie sich über Ihre Notizen aus.
• Erzählen Sie Ihren Mitschülerinnen von ähnlichen selbst erlebten Situationen anhand folgender Fragen:
– Was wurde mündlich oder schriftlich über Sie verbreitet?
– Wie haben Sie das empfunden?
– Was haben Sie dagegen unternommen?
• Bewerten Sie Ihre selbst erlebten Situationen mit den in Aufgabe 1 erarbeiteten rechtlichen Grundlagen. Verstoßen die Situationen gegen rechtliche Bestimmungen?

c) Stellen Sie jeweils eine selbst erlebte Situation (anonym) und Ihre Bewertung in der Klasse vor und diskutieren Sie die Beispiele.

d) Recherchieren Sie in einer Kleingruppe im Internet zum Thema „Mobbing".
• Lesen Sie zu den Folgen von Mobbing den folgenden Text.

Mobbing: Grundschüler trifft es am häufigsten

Immer auf die Kleinen: Mobbing gibt es in allen Altersklassen - doch Grundschüler haben am meisten damit zu kämpfen.
Mobbing betrifft vor allem Grundschüler. Je älter die Kinder werden, desto seltener sind sie Opfer von Mobbing, ergab eine Online-Umfrage des Zentrums für empirische pädagogische Forschung (zepf) der Universität Koblenz-Landau unter 1995 Schülern.

In den Klassen 1 bis 4 sei der Anteil der Schüler, die unter Mobbing leiden, am höchsten, in den Klassen 11 bis 13 am niedrigsten. Auch Mobbing über das Internet, sogenanntes Cyber-Mobbing, sei unter Grundschülern am weitesten verbreitet.
Rund 40 Prozent der Schüler gaben an, in den vergangenen zwei Monaten Opfer von direktem Mobbing gewesen zu sein. Sie wurden von einem stärkeren Schüler wiederholt entweder körperlich oder verbal angegriffen.

16,5 Prozent erklärten, sie hätten im genannten Zeitraum mindestens einmal unter Cyber-Mobbing gelitten. Allerdings schränken die Forscher ein, dass die Motivation zur Teilnahme an der Umfrage vermutlich bei denjenigen höher ist, die schon einmal Mobbing-Opfer waren.
Auffällig sei, dass von den Erst- bis Viertklässlern 63 Prozent angaben, innerhalb der vergangenen zwei Monate unter Mobbing gelitten zu haben. Rund 26 Prozent von ihnen waren sogar mehrfach pro Woche Opfer. Von den Schülern der Klassen 11 bis 13 fühlten sich nur rund 35 Prozent in dieser Zeit als Mobbing-Opfer, erläutert das Forschungszentrum.
Während die Täter beim direkten Mobbing auf dem Schulhof zuschlagen, greifen sie beim Cyber-Mobbing in erster Linie in Chatrooms an. Dort beleidigen sie ihre Opfer und verbreiten Gerüchte über sie. Letzteres müsse als besonders gravierend angesehen werden, weil die Betroffenen in vielen Fällen nur über Umwege davon erfahren.
Für die Umfrage kontaktierten die Forscher Schüler der Klassen 1 bis 13 im gesamten Bundesgebiet. Da allerdings nur Schüler mit Internetzugang teilnehmen konnten, las-

127

LS 02 Berufliche Identität entwickeln

Aufgaben für die Praxis

1. Befragen Sie Ihre Praxisanleiterin nach Auswahlkriterien für Bewerberinnen um einen Praktikumsplatz und notieren Sie diese. Vergleichen Sie Ihre Ergebnisse in der Klasse.

2. Kommen Sie mit Ihrer Praxisanleiterin über folgende Fragen ins Gespräch:
• Unter welcher Trägerschaft wird Ihre Kindertageseinrichtung geführt?
• Worin zeigt sich das konkret?
• Welche Auswirkungen hat das auf Sie als Praktikantin?
• Notieren Sie Ihre Ergebnisse und tauschen Sie sich in der Klasse darüber aus.

3. Erkunden Sie in Ihrer Praxiseinrichtung, wie viele Frauen und Männer dort tätig sind. Tauschen Sie sich im Team über diese Verteilung und mögliche Gründe dafür aus. Überlegen Sie gemeinsam, welche Auswirkungen diese Verteilung auf die Arbeit mit den Kindern hat bzw. haben könnte.

4. Befragen Sie Ihre Praxisanleiterin, wie eine geschlechtsbewusste Erziehung in Ihrer Einrichtung konkret umgesetzt wird. Folgende Stichworte können Sie dabei ansprechen:
• Konzeption der Einrichtung
• Raumgestaltung (Innen- und Außenräume)
• Materialangebot
• Themen von Spiel- und Beschäftigungsangeboten
Notieren Sie die Ergebnisse und tauschen Sie sich in der Klasse darüber aus.

5. Planen und gestalten Sie ein Beschäftigungsangebot, das die unterschiedlichen Interessen von Jungen und Mädchen aufgreift. Tauschen Sie sich über Ihre Erfahrungen dabei und über Verbesserungsmöglichkeiten in einer Teamsitzung aus.

Literaturtipps

www.bildungsnetz-berlin.de/download/studie_dissens.pdf
(Bildungsnetz Berlin: Zur Situation von Männern in „Frauen-Berufen" der Pflege und Erziehung in Deutschland – Eine Überblicksstudie)

Blank-Mathieu, M.: Kleiner Unterschied – große Folgen?
Zur geschlechtsbezogenen Sozialisation im Kindergarten.
Ernst-Reinhardt-Verlag 2002

Walter M.: Jungen sind anders, Mädchen auch. Verlag Kösel 2005

Muth, C. (Hrsg.), T. Draeger: Gender mainstreaming im Kindergarten.
Ibidem Verlag 2008

24

Silvia Gartinger, Jahrgang 1969

Diplom-Pädagogin, Schulbereichsleitung der Fachschule für Sozialpädagogik des Evangelischen Johannesstiftes Berlin, Lehrkraft für sozialpädagogische und organisationsbezogene bzw. verwaltungsrechtliche Themen, systemische Therapeutin

Tobias Greiner, Jahrgang 1976

Akademischer Rat am Lehrstuhl für Pädagogik der TU München, Diplom-Berufspädagoge (univ.), Lehrer für berufliche Schulen im Bereich Gesundheits- und Pflegewissenschaften, Schulpsychologe, Krankenpfleger

Claudia Krause-Jahn, Jahrgang 1974

Diplom-Pflegelehrerin, Krankenschwester, Praxisanleiterin, Studienrätin BBS II Leer

Anke Paul, Jahrgang 1959

Diplom-Pflegepädagogin, Krankenschwester, Lehrerin am Diakonischen Bildungszentrum Lobetal

Jacqueline Prügel, Jahrgang 1962

Diplom-Medizinpädagogin, Krankenschwester, Lehrerin am Diakonischen Bildungszentrum Lobetal

Katrin Rohde, Jahrgang 1971

M.A. Germanistik, cand. Pflege- und Gesundheitswissenschaftlerin, Kinderkrankenschwester, Lehrkraft für Pflege an der Evangelischen Fachhochschule Berlin

Prof. Dr. Anja Walter, Jahrgang 1968

Diplom-Pflegepädagogin, Beraterin für Curriculum- und Schulentwicklung, Dozentin für berufliche Didaktik in den Feldern Gesundheit, Pflege und Soziales, Medical School Berlin

Hildegard Wittke, Jahrgang 1965

Diplom-Pflegelehrerin, Krankenschwester, Studienreferendarin mit den Fächern Pflegewissenschaften und Deutsch an den berufsbildenden Schulen Osnabrück-Haste des Landkreises Osnabrück

Sprungbrett Soziales

Arbeitsbuch mit Lernsituationen

Kinderpflege

Sozialpädagogische Assistenz

Kindertagespflege

Autorinnen und Autoren:
Silvia Gartinger
Tobias Greiner
Claudia Krause-Jahn
Anke Paul
Jacqueline Prügel
Katrin Rohde
Hildegard Wittke

unter Mitarbeit der Verlagsredaktion

Herausgeberin:
Dr. phil. Anja Walter

Wichtiger Hinweis:
Der Inhalt dieser Ausgabe wurde genauestens überprüft. Weder der Verlag noch die Herausgeberin
sowie Autorinnen und Autoren können für dennoch bestehen gebliebene Fehler oder Konsequenzen
nach Nutzung der nachstehenden Informationen verantwortlich gemacht werden bzw. können direkt
oder indirekt Berechtigungen aus dem Inhalt dieser Ausgabe abgeleitet werden.
Die Wiedergabe von Gebrauchsnamen, Handelsnamen, Warenbezeichnungen, Eigennamen und
medizinischen Produkten in diesem Buch berechtigt auch ohne besondere Kennzeichnung nicht zu
der Annahme, dass solche Namen im Sinne der Warenzeichen- und Markenschutzgesetze als frei zu
betrachten sind und daher von jedermann benutzt werden dürfen.

Redaktion: Carina vom Hagen
Titelfotos: shutterstock
Umschlaggestaltung: Rosendahl Grafikdesign, Berlin
Layout und technische Umsetzung: Checkplot Anker & Röhr, Berlin

www.cornelsen.de

Die Links zu externen Webseiten Dritter, die in diesem Lehrwerk angegeben sind, wurden vor
Drucklegung geprüft. Der Verlag übernimmt keine Gewähr für die Aktualität und den Inhalt
dieser Adressen und Dateien oder solcher, die mit ihnen verlinkt sind.
Dieses Werk berücksichtigt die Regeln der reformierten Rechtschreibung und Zeichensetzung.

1. Auflage, 2. Druck 2013

Alle Drucke dieser Auflage sind inhaltlich unverändert
und können im Unterricht nebeneinander verwendet werden.

Druck: Himmer AG, Augsburg

ISBN 978-3-06-455843-4

 Inhalt gedruckt auf säurefreiem Papier aus nachhaltiger Forstwirtschaft.

Vorwort

Liebe Schülerinnen und Schüler in der Ausbildung Kinderpflege, sozialpädagogische Assistenz und Kindertagespflege,

die Lehrpläne Ihrer Ausbildungen folgen dem Lernfeldkonzept. Dieses Konzept rückt bedeutsame Situationen aus Ihrem beruflichen oder persönlichen Leben in den Mittelpunkt des Lernens. Die Ihnen aus der Schule bekannte Fächerstruktur des Unterrichts ist damit aufgehoben – der Unterricht folgt der Logik der tatsächlichen Situationen aus Ihrem beruflichen Alltag.

Mit diesem Arbeitsbuch stellen wir Ihnen Lernsituationen zur Verfügung. Ausgangspunkt sind jeweils Handlungssituationen aus dem beruflichen oder persönlichen Alltag, die aus Erlebnisberichten von Schülerinnen und Schülern während ihrer Ausbildung entstanden sind.

Bei der Bearbeitung der Handlungssituationen wurden von den Autorinnen einige Fragen beantwortet, die sich im Aufbau der Lernsituationen widerspiegeln – z. B.: Worum geht es in der Situation? Wie sehen die Beteiligten die Situation? Was kann aus der Handlungssituation gelernt werden? Über der Beantwortung dieser Fragen wurden aus den Handlungssituationen die Lernsituationen.

Wichtig dabei ist: Lernsituationen bilden die berufliche Wirklichkeit zwar ab, sind aber kein bloßes Abbild davon. Die Lernsituationen gehen immer auch über die derzeitige Wirklichkeit hinaus – das heißt, sie zeigen auch auf, wie die Handlungssituationen zukünftig gestaltet werden könnten.

Zu jeder Lernsituation finden Sie die Themenschwerpunkte, die anzubahnenden Kompetenzen, die Handlungssituation, Arbeitsaufträge für die schulische Auseinandersetzung, Arbeitsaufträge für die Praxis sowie Literaturtipps.

Die Lernsituationen tragen zum Erwerb beruflicher Handlungskompetenz bei, welche es Ihnen ermöglicht, den vielfältigen Aufgaben Ihres Berufs gerecht zu werden. Hierzu gehört insbesondere die Fähigkeit, Situationen aufmerksam wahrzunehmen, Situationen mitzugestalten und zu überdenken.

Die Handlungssituationen beinhalten häufig Ausdrücke und Redewendungen aus der Umgangssprache. Sie wurden bewusst so belassen, um Ihnen die Möglichkeit zu geben, im Unterricht über problematische Ausdrucksweisen ins Gespräch zu kommen. In Ihrem Beruf sind Sie selbst als Menschen gefragt, Sie bringen sich – Ihre Gefühle, Gedanken, Ihren Körper – in die beruflichen Situationen ein. Daher werden Sie auch Aufgaben finden, die Sie zur Auseinandersetzung mit eigenen Haltungen und Einstellungen anregen.

Wir hoffen, dass Sie genauso viel Spaß mit Lernsituationen haben werden wie die Autorinnen und die Redaktion und dass Sie sich durch die Gestaltung des Materials angesprochen fühlen. Für den erfolgreichen Abschluss Ihrer Ausbildung wünschen wir Ihnen alles Gute!

Anja Walter
Berlin, Mai 2010

Themenschwerpunkte

Eigene Biografie

Berufswahl und berufliches Handeln

Berufliche Perspektiven

Weiterbildung

Kompetenzen

- Ihnen sind wichtige Ereignisse und Wendepunkte, welche Ihre Lebensentwicklung geprägt haben, bewusst.
- Sie sind für die Bedeutung lebensgeschichtlicher Erfahrungen sensibilisiert.
- Sie überdenken anhand Ihrer Lebensgeschichte die Beweggründe Ihrer Berufswahl.
- Sie entwickeln persönliche Perspektiven im Berufsfeld.

Handlungssituation

„Und nach der Ausbildung will ich Erzieherin werden…"

Die Schülerin Carina erzählt…

„Vor vier Wochen habe ich mit meiner Ausbildung zur Kinderpflegerin begonnen. In meinem Bekanntenkreis haben nicht alle Verständnis für meine Entscheidung. Mein bester Freund Max meint: ‚Ich verstehe gar nicht, wie du so einen schwierigen Beruf wählen konntest. Du hast es im Leben bisher ja nicht gerade leicht gehabt, als Pflegekind – wieso machst du es dir jetzt nicht ein bisschen einfacher?'
Ich finde die eigene Lebensgeschichte im Moment aber gar nicht so wichtig. Es geht ja schließlich um die Kinder, die ich betreue. Ich möchte gerne für diese Kinder da sein. Und nach der Ausbildung will ich dann Erzieherin werden."

1. Nach Carinas Meinung geht es nicht um die eigene Lebensgeschichte, sondern um die Bedürfnisse der betreuten Kinder. Max hingegen findet, dass eigene Lebenserfahrungen mit der Berufsausübung zu tun haben.

   a) Teilen Sie die Klasse in zwei Gruppen:

   Gruppe 1: Sammeln Sie Argumente für die Meinung von Carina: Welche Gründe könnte sie haben, die eigene Lebensgeschichte als unwichtig für die Berufsausübung anzusehen? Wie stehen Sie selbst dazu?

   Gruppe 2: Sammeln Sie Argumente für die Meinung von Max: Inwiefern könnte die eigene Lebensgeschichte Einfluss haben auf den Umgang mit Kindern und Jugendlichen?

   b) Tragen Sie die gesammelten Argumente für Ihre Gruppe in die Abbildung ein und schreiben Sie für eine anschließende Präsentation Stichworte der Argumente auf Karten.

 Argumente für die Meinung von Carina:

Argumente für die Meinung von Max:

   c) Stellen Sie die Gruppenergebnisse in der Klasse vor und diskutieren Sie diese in der Klasse. Ergänzen Sie Ihre Notizen um die Argumente der jeweils anderen Arbeitsgruppe.

2. Max sagt: „Ich verstehe gar nicht, wie du so einen schwierigen Beruf wählen konntest. Du hast es im Leben bisher ja nicht gerade leicht gehabt, als Pflegekind – wieso machst du es dir jetzt nicht ein bisschen einfacher?"

   a) Tauschen Sie sich in der Klasse darüber aus, was Max wohl genau meint mit seiner Aussage.

   b) Erstellen Sie in Einzelarbeit einen Überblick über Ihre eigene Lebensgeschichte.
   - Tragen Sie dazu wichtige Ereignisse Ihres Lebens (wie z. B. Geburt, Schuleintritt, Geschwister, Schulwechsel, besondere Erfahrungen, Freundschaften und Gefühle) in den Abschnitt „Vergangenheit" der Abbildung auf der gegenüberliegenden Seite ein.
   - Setzen Sie Kreuze für Ihr Erleben des Ereignisses: Wenn Sie etwas als positiv erlebt haben, oberhalb; wenn Sie etwas als negativ erlebt haben, unterhalb.
   - Heben Sie Wendepunkte, also prägende Erlebnisse, die bis heute einen Einfluss auf Ihre Lebenssituation haben, farbig hervor.
   - Verbinden Sie die Kreuze miteinander, sodass sich eine Zickzacklinie ergibt, die symbolisch für die Lebenslinie steht.

   c) Überdenken Sie Ihre Lebenslinie anhand folgender Fragen:
   - Welche von Ihnen als positiv erlebten Ereignisse heben sich besonders ab? Überlegen Sie, welche Auswirkungen diese konkret auf Ihr Leben hatten bzw. haben.

   _____

   _____

   - Welche von Ihnen als negativ erlebten Ereignisse heben sich besonders ab? Überlegen Sie, welche Auswirkungen diese konkret auf Ihr Leben hatten bzw. haben.

   _____

   _____

   - Welche Personen waren/sind wichtig?

   _____

   _____

   - Wo haben Sie Wendepunkte in Ihrem Leben selbst herbeigeführt?

   _____

   _____

   - Wo entstanden Wendepunkte ohne Ihr Zutun?

   _____

   _____

   d) Suchen Sie sich eine Partnerin Ihres Vertrauens und tauschen Sie sich über Ihre Lebensgeschichte anhand der Lebenslinie und der Fragen aus.

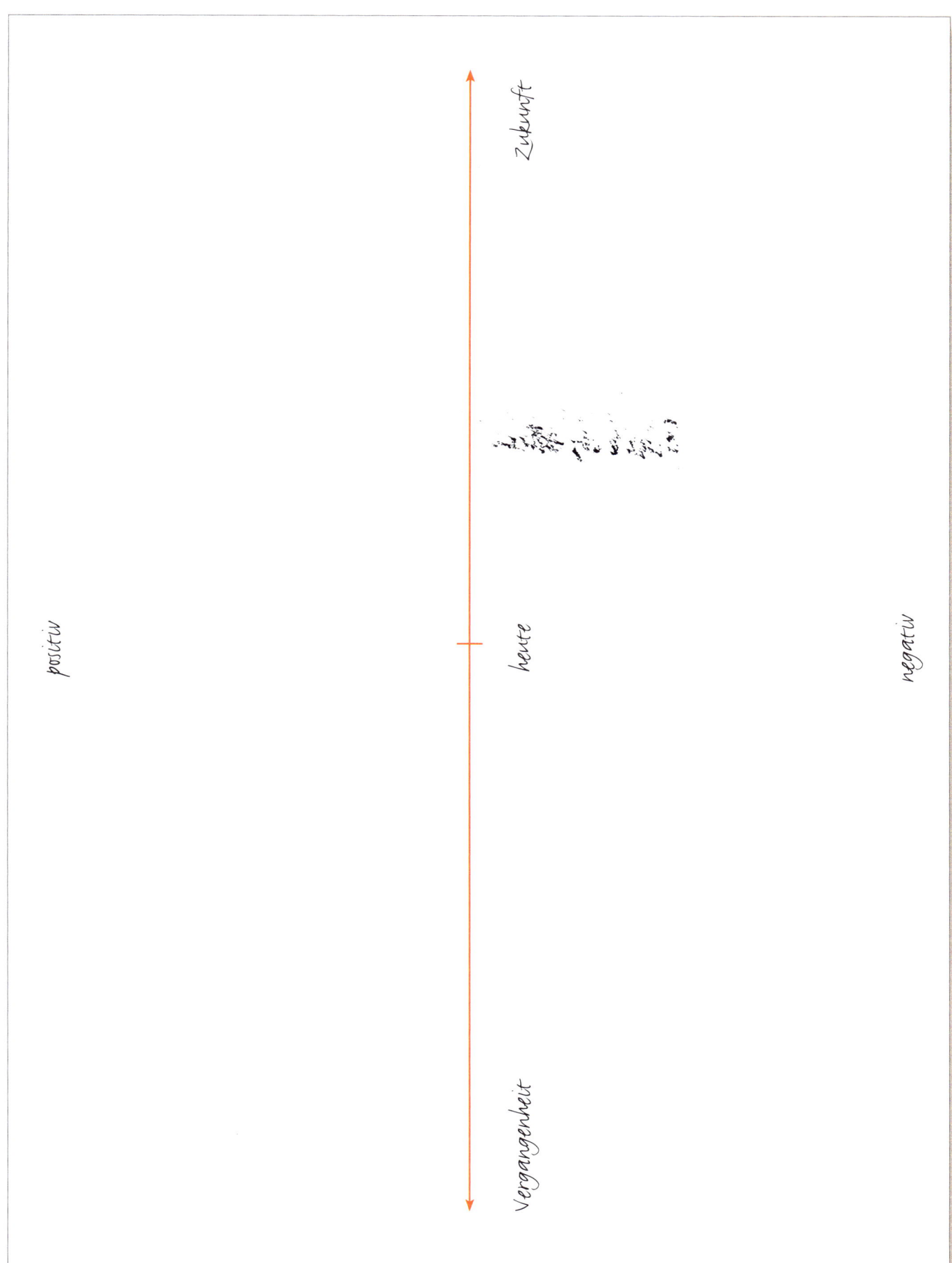

3. Einige Bekannte von Carina hatten für ihre Entscheidung kein Verständnis. Carina möchte gern „für (...) Menschen da sein".

a) Tauschen Sie sich in Kleingruppen über folgende Fragen aus:
- Was könnten die Bekannten gesagt haben?
- Haben Sie auch schon einmal erlebt, dass Ihre Freunde oder Bekannten so etwas gesagt haben?
- Was meint Carina vermutlich damit, wenn sie sagt, dass sie „für (...) Menschen da sein" will?
- Welche Beweggründe haben Sie selbst zur Entscheidung für Ihre Berufswahl geführt?

Plakat
→ S. 191

b) Halten Sie besonders ähnliche und besonders unterschiedliche Erfahrungen bzw. Beweggründe stichwortartig oder in Form von Bildern auf einem **Plakat** fest.

c) Vergleichen Sie die Beweggründe Carinas mit Ihren eigenen und überdenken Sie diese.

d) Überlegen Sie gemeinsam in der Klasse:
- inwiefern Ihre Beweggründe durch Ihre persönliche Lebensgeschichte geprägt sind und
- welchen Einfluss die Beweggründe auf Ihr Handeln in der Erziehung von Kindern haben bzw. nehmen können.

4. Carina möchte nach der Ausbildung zur Kinderpflegerin Erzieherin werden.

a) Tauschen Sie sich in der Klasse darüber aus, ob das überhaupt geht. Sammeln Sie weitere berufliche Möglichkeiten, die sich Ihnen nach der Ausbildung in einem sozialpädagogischen Assistenzberuf eröffnen.

b) Bearbeiten Sie folgende Aufgaben in Einzelarbeit:
- Verlängern Sie die Lebenslinie aus Aufgabe 2 in die Zukunft hinein. Tragen Sie in den Abschnitt „Zukunft" der Abbildung auf Seite 11 wieder einzelne (fantasierte) wichtige Ereignisse ein (z. B. im Zusammenhang mit Beruf, mit Beziehungen).
- Überlegen Sie: Was können Sie heute schon für die Verwirklichung Ihrer Wünsche tun?

c) Suchen Sie diejenigen Schülerinnen in der Klasse, die ähnliche Zukunftspläne haben wie Sie. Bearbeiten Sie in den entstandenen Kleingruppen folgende Aufgaben:

- Informieren Sie sich über die berufliche Möglichkeit, die Sie interessiert, im **Fachbuch** und im **Internet**.

- Erarbeiten Sie einen Steckbrief des Berufes. Tragen Sie Ihre Ergebnisse in die Übersicht ein:

Fachbuch
→ S. 49

Online
www.kursnet-finden. arbeits-agentur.de
www.caritas-bildungs- netzwerk.de
www.diakonie.de

Steckbrief meines Wunschberufes

Welche Voraussetzungen muss ich mitbringen?

_____

_____

_____

Wie lange dauert die Ausbildung?

_____

_____

Wo kann ich die Ausbildung machen?

_____

_____

Welche Tätigkeiten führe ich aus? Was mache ich genau?

_____

_____

Wie viel verdiene ich?

_____

_____

_____

...

_____

_____

_____

- Gestalten Sie ein Informationsplakat über den Beruf.

d) Stellen Sie den Beruf anhand des Plakates auf einem **Marktplatz** der Möglichkeiten vor.

Marktplatz
→ S. 190

e) Überlegen Sie in der Klasse, welche Voraussetzungen Sie durch Ihre derzeitige Ausbildung für diesen Beruf bereits mitbringen.

Aufgaben für die Praxis

1. a) Überdenken Sie einen Tag Ihres Praktikums unter dem Aspekt: „Bedeutung der eigenen Lebensgeschichte für mein Handeln" anhand folgender Fragen schriftlich:

    - Gab es heute eine Situation, die mich emotional besonders angesprochen hat?
    - Was ist in der Situation genau passiert, worum ging es?
    - Welche Gefühle hat die Situation bei mir ausgelöst?
    - Habe ich schon ähnliche Situationen in meinem Leben erlebt?
    - Wie bin ich damit umgegangen? Wie hat mein Umgang damit auf andere gewirkt?
    - Handle ich oft so? Wo bzw. wie habe ich dies gelernt?
    - Wie schätze ich meinen Umgang mit der Situation jetzt – also nachträglich – ein?
    - Welchen Umgang kann ich mir noch vorstellen bzw. würde ich mir wünschen?
    - Welche Fragen habe ich noch bezüglich dieser Situation?

    b) Tauschen Sie sich mit Ihrer Praxisanleiterin über Ihre Notizen aus. Befragen Sie sie auch dazu, wie sie die Bedeutung der eigenen Lebensgeschichte für das berufliche Handeln erlebt. Halten Sie das Gespräch in Stichworten fest.

2. Kommen Sie mit Mitarbeiterinnen Ihrer Praxiseinrichtung darüber ins Gespräch, welche Aus-, Fort- und Weiterbildungen diese bisher besucht haben. Erstellen Sie eine anonyme Übersicht darüber und bringen Sie diese in die Schule mit.

Bewerbung um einen Praktikumsplatz

Träger von Einrichtungen

Frauen und Männer im sozialen Arbeitsfeld

- Ihnen sind die Schritte zur Bewerbung um einen Praktikumsplatz und die entsprechenden Formalitäten bewusst.
- Sie unterscheiden verschiedene Träger von Kindertageseinrichtungen und nehmen wahr, welche Konsequenzen diese Trägerschaft auf Ihre Bewerbung und für Ihre dortige Tätigkeit hat.
- Sie überdenken Ihre eigenen Vorstellungen über Frauen und Männer in der Kindertagesbetreuung.
- Sie sind für die Bedeutung einer geschlechtsbewussten Erziehung in Kindertageseinrichtungen sensibilisiert und gestalten diese mit.

„Und nun soll ich mich auch noch auf dem Elternabend vorstellen"

Jakob erzählt einer Mitschülerin …

„Da, wo ich wohne, gibt es doch um die Ecke einen Kinderladen. Da hatte ich mir gedacht, ist ja ganz praktisch, wenn ich da das Praktikum machen könnte. An einem Nachmittag bin ich hingegangen. Die zwei Erzieherinnen waren echt nett und ich hatte sofort jede Menge Kinder um mich rum, die mit mir spielen wollten. Jedenfalls meinten die Erzieherinnen, eigentlich wäre das mit dem Praktikum kein Problem, aber da sie ein Elterninitiativkinderladen sind, müssen die Eltern das mitentscheiden. Da traf es sich ganz gut, dass ein paar Tage später sowieso ein Elternabend geplant war. Ich dachte, dass das alles nur eine Formalität ist, und habe mich erstmal gar nicht weiter um einen anderen Praktikumsplatz gekümmert. Hörte sich ja gut an.
Ich bin dann nach einer Woche wieder hingegangen, direkt mit dem Vordruck zur Praktikumsanmeldung von der Schule, um alles klarzumachen. Die Erzieherinnen

guckten schon so komisch, als sie mich sahen, und eine meinte, ich soll mal kurz mit in die Küche kommen. Dann hat sie mir erklärt, dass auf dem Elternabend wohl zwei, drei Eltern gar nicht so begeistert waren, dass da demnächst ein männlicher Praktikant kommen will. Im letzten Jahr hatte der Kinderladen einen Praktikanten und der hat wohl den Kindern immer die Klamotten falsch herum angezogen und die Jungs zum Toben angestiftet. Es gab aber auch Eltern, die es toll finden, dass Männer da sind. Auf jeden Fall entbrannte wohl eine heiße Diskussion und nun soll ich mich auch noch auf dem Elternabend vorstellen. Irgendwie finde ich das ziemlich übertrieben."

Arbeitsaufträge

1. Stellen Sie sich vor, Sie sind die Mitschülerin von Jakob und er hat Ihnen seine Erfahrungen erzählt.
   Was möchten Sie ihm sagen? Notieren Sie Ihre Gedanken in Einzelarbeit in die Abbildung.

2. Jakob bewirbt sich um ein Praktikum in einer Kindertageseinrichtung.
   a) Was erfahren Sie aus der Handlungssituation über Jakobs Bewerbung in dem Kinderladen? Notieren Sie dies in Einzelarbeit in die Abbildung.

Ich habe Folgendes gemacht...

   b) Wie sind Sie selbst bei der Suche nach einem Praktikumsplatz vorgegangen?

Ich habe Folgendes gemacht...

c) Informieren Sie sich über Vorgaben der Schule und der Praxiseinrichtungen für die Suche nach einem Praktikumsplatz. Erstellen Sie in der Abbildung einen Ablaufplan dazu.

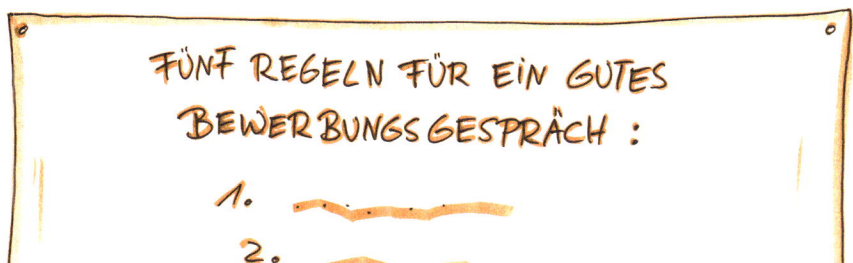

So finde ich einen Praktikumsplatz

erledigt

1.

2.

3.

4.

5.

...

d) Vergleichen Sie Ihre Ergebnisse in der Klasse. Ergänzen Sie gegebenenfalls Ihre Notizen.

e) Stellen Sie sich vor, Sie bewerben sich (telefonisch oder persönlich) in einer Praxiseinrichtung.
- Entwickeln Sie in Kleingruppen **Rollenspiele** dazu.
- Stellen Sie je Kleingruppe ein Rollenspiel in der Klasse vor.
- Werten Sie die Rollenspiele jeweils anhand folgender Fragen aus:
  – Welche Informationen hat die „Bewerberin" gegeben?
  – Wie haben bestimmte Ausdrucksweisen auf die „Mitarbeiterin der Praxiseinrichtung" gewirkt?
  – Hätten Sie den Praktikumsplatz an die „Bewerberin" vergeben?

Rollenspiel
→ S. 192

f) Halten Sie abschließend auf einem **Plakat** fest, worauf Sie in Bewerbungsgesprächen zukünftig achten möchten.

Plakat
→ S. 191

FÜNF REGELN FÜR EIN GUTES BEWERBUNGSGESPRÄCH:
1.
2.

3. Jakob bewirbt sich bei einem Elterninitiativkinderladen.
   a) Tauschen Sie sich in einer Kleingruppe über folgende Fragen aus und notieren Sie Ihre Ergebnisse.
   - Was ist ein Elterninitiativkinderladen? Was ist das Besondere daran?

   _____

   _____

   _____

   _____

   - Welche eigenen Erfahrungen haben Sie bereits mit Elterninitiativkinderläden gemacht?

   _____

   _____

   _____

   - Welche weiteren Einrichtungsträger kennen Sie darüber hinaus? Was kennzeichnet diese?

   _____

   _____

   _____

   _____

   _____

   - Welche Auswirkungen hatte diese Trägerschaft auf Ihre Bewerbung bzw. welche könnte sie haben?

   _____

   _____

   _____

   - Welche Konsequenzen hatte diese Trägerschaft für Ihre dortige Tätigkeit bzw. welche vermuten Sie?

   _____

   _____

   _____

   - Welche Kriterien sind bzw. wären für Sie bei der Entscheidung für einen bestimmten Träger maßgeblich?

   _____

   _____

b) Überprüfen bzw. erweitern Sie Ihre Antworten mit Hilfe des **Internets** oder befragen Sie Erzieherinnen in Kindereinrichtungen.

Online

www.kita.de/wissen/
traeger/index.html

c) Tauschen Sie sich in der Klasse über Ihre Ergebnisse aus und ergänzen Sie ggf. Ihre Notizen.

4. Jakob erzählt, dass einige Eltern keinen männlichen Praktikanten wollen, andere finden es „toll".

a) Sammeln Sie in einer Kleingruppe Vorstellungen über Frauen und Männer in der Kindertagesbetreuung, die diese Elterngruppen vermutlich haben. Beziehen Sie auch Vorstellungen ein, die Ihnen selbst schon begegnet sind. Notieren Sie Ihre Ergebnisse in den oberen Teil der Abbildung.

Wir wollen keinen männlichen Praktikanten

Konsequenzen:

Wir finden es toll, dass Männer da sind

Konsequenzen:

b) Tauschen Sie sich über die Ergebnisse aus und überlegen Sie:
- Welche Vorstellungen kann ich nachvollziehen? Welche nicht?
- Wie sind diese Vorstellungen über Frauen und Männer in der Kindertagesbetreuung vermutlich entstanden?

c) Sammeln Sie Vorstellungen zu den Fragen: „Was können Frauen gut?" und „Was können Männer gut?" Befragen Sie dazu Passanten oder recherchieren Sie Meinungen darüber im Internet. Notieren Sie jeden genannten Aspekt einzeln ohne Überschrift auf eine Moderationskarte – es soll nicht sichtbar sein, zu welcher Frage die Antwort gehört.

d) Sammeln Sie in der Klasse die Moderationskarten aller Kleingruppen in einer Kiste. Entnehmen Sie die Karten Stück für Stück und diskutieren Sie, unter welcher Überschrift Sie den Aspekt anpinnen wollen.

e) Tauschen Sie sich über folgende Fragen aus:
- Womit haben Sie die Zuordnung der Aspekte begründet? Was haben Ihnen die Passanten dazu erzählt?
- Wie sind diese Vorstellungen über Frauen und Männer vermutlich entstanden?
- Welche Konsequenzen haben diese Vorstellungen über Männer und Frauen (in der Kinderbetreuung) für die einzelne Kindereinrichtung und für die Gesellschaft? Notieren Sie Ihre Ergebnisse hierzu in den Teil „Konsequenzen" der Abbildung aus 4 a) (S. 19).

5. Jakob erzählt, dass der Kinderladen im letzten Jahr einen männlichen Praktikanten hatte und „der hat wohl (...) die Jungs zum Toben angestiftet".
a) Tauschen Sie sich in einer Kleingruppe über folgende Fragen aus und notieren Sie Ihre Ergebnisse:
- Warum ist es für die Eltern so erwähnenswert, dass der Praktikant die Jungen zum Toben „angestiftet" hat?

_____

_____

- Wie schätzen Sie das Verhalten des Praktikanten ein? Begründen Sie Ihre Einschätzung.

_____

_____

- Welche speziellen Aufgaben haben männliche Erzieher und Praktikanten Ihrer Erfahrung nach in Kindereinrichtungen übernommen?

_____

_____

- Wie haben die Kinder auf männliche Erzieher bzw. Praktikanten reagiert?

_____

_____

b) Lesen Sie gemeinsam den folgenden Text.

Männer zum Trösten und Naseputzen

Eine Rarität, aber immer häufiger gesichtet: der männliche Erzieher. In den letzten Jahren hat sich seine Zahl immerhin verdoppelt. Bildungsforscher fordern die Chance auf männliche Rollenvorbilder für jedes Kind. Doch noch zögern die Herren.
AUS BERLIN ANJA DILK (23.01.2007)

Der kleine Junge mit den meerblauen Augen will heute nicht. Er klebt am Hosenbein seiner Mutter, die ungeduldig zum Ausgang drängt. „Hm, bist du stark, was hast du denn Gutes gefrühstückt? Müsli?", fragt Uwe Draeger. „Jogurt und Käsebrot", murmelt der Junge. „Dann kannst du die Mama doch bestimmt lässig rausschubsen. Oder?" Klar kann er. Lacht. Stemmt mit Schwung seine Mutter aus der Kindergartentür.

Uwe Draeger ist Profi im Umgang mit Kleinkindern. Seit fünf Jahren arbeitet der 42-Jährige als Erzieher in der Spreekita, Berlin-Tiergarten. Er liebt es, die Kinderwelt jeden Tag neu zu entdecken. „Es gibt viele Kinder, die heute ohne das Prinzip Mann aufwachsen", sagt Draeger. „Es ist gut, wenn das in der Kita anders ist."

Männliche Kindergärtner sind in Deutschland immer noch die Ausnahme. Gerade mal 16 000 Erzieher gibt es nach Angaben des Statistischen Bundesamtes in Deutschland – unter 360 000 Erzieherinnen. Doch es tut sich was. „Wir beobachten einen merklichen Anstieg auf niedrigem Niveau", sagt Wassilios Fthenakis, Professor für Entwicklungspsychologie an der Universität Bozen. Er schätzt, dass der Anteil männlicher Erzieher in den letzten fünf Jahren um etwa das Doppelte gestiegen ist.

Im internationalen Vergleich liegt Deutschland mit knapp fünf Prozent immer noch hinten. So sind in Dänemark acht Prozent der Kitapädagogen Männer. Die Norweger wollen den Männeranteil in der Vorschule in den nächsten Jahren von knapp sieben Prozent auf ein Fünftel steigern.

Doch die Forderungen nach mehr Männern in Erzieherberufen haben auch hierzulance an Bedeutung gewonnen. Allerdings winken viele Männer wegen schlechter Bezahlung und geringem Sozialprestige in diesem typischen Frauenberuf ab. Das Forum Bildung hat „die Gewinnung von Männern für den Beruf des Erziehers" deshalb auf seine Agenda gesetzt. Schleswig-Holstein warb mit „Papis in die Kitas" männliche Kindergärtner, die Berliner Arbeiterwohlfahrt versucht mit dem einjährigen Programm „Männer in die Kitas", arbeitslose Männer für den Erzieherberuf zu begeistern.

Längst ist klar, wie wichtig männliche Bezugspersonen für die Entwicklung von Kindern sind – für Jungen ebenso wie Mädchen. „Kinder müssen die Chance haben, sich mit beiden Geschlechtern und ihren Verhaltensweisen auseinanderzusetzen. Denn sie haben Unterschiedliches zu bieten auf Grund ihrer eigenen Sozialisation", erläutert Entwicklungspsychologe Fthenakis. So seien viele Erzieher bewegungsorientierter als ihre Kolleginnen, hätten mehr Interesse an Experimenten.

Und sie gehen oft anders mit Kindern um, meint Anne Recke, Leiterin der evangelischen Spreekita: „Erzieher verhalten sich meist partnerschaftlicher zu Kindern. Sie signalisieren: Das schaffst du, das traue ich dir zu. Erzieherinnen dagegen helfen eher, wenn etwas nicht gelingt." Seit 30 Jahren arbeitet Recke in Kindergärten. Lange Zeit ohne männliche Kollegen. Vor fünf Jahren hat sich das geändert. Erstmals bewarben sich auch Männer. Und überzeugten.

Freilich, in den meisten Kitas sind männliche Erzieher immer noch rar. „Und wenn, findet man sie eher auf der Leitungsebene, nicht in der pädagogischen Alltagsarbeit", so Recke. Von den 14 Pädagogen der Spreekita sind drei männlichen Geschlechts. „Es ist wichtig, dass Männer selbstverständlich im Leben der Kinder präsent sind, auch in der Kita. Als Erziehende, die einen genauso trösten und die Nase putzen", sagt die Leiterin.

Bei den Eltern kämen die männlichen Erzieher gut an, ja, manchmal würden sie „fast unkritisch in den Himmel gelobt". Die Kolleginnen waren anfangs skeptisch. Die gegenseitigen Rollenerwartungen holten die Erwachsenen schnell ein: Würden die neuen Kollegen auch backen, basteln, aufräumen? Würden einem die Kolleginnen umgekehrt genauso viel zutrauen im Umgang mit den Kleinkindern? Uwe Draeger amüsiert das heute noch: „Am Anfang hatte ich das Gefühl: Ein Mann ist fürs Grobe. Die unangenehmen Sachen blieben an mir hängen. Raus mit den Kindern beim Regen." Längst hat sich die Zusammenarbeit eingespielt....

(Quelle: www.taz.de, download am 31.05.09)

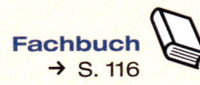

Fachbuch
→ S. 116

c) Tauschen Sie sich über Ihre Eindrücke und Fragen zum Text aus. Beantworten Sie anschließend folgende Fragen. Nutzen Sie dazu auch das **Fachbuch** und das Internet.

• Welche Qualitäten können Männer in soziale Berufe einbringen?

_____

_____

_____

_____

_____

• Welche Qualitäten können Frauen in soziale Berufe einbringen?

_____

_____

_____

_____

_____

• Warum sind überwiegend Frauen in sozialen Berufen tätig?

_____

_____

_____

_____

_____

• Was ist „geschlechtsbewusste Erziehung"?

_____

_____

_____

_____

_____

• Warum ist die Arbeit von männlichen und weiblichen Erziehern und Erzieherinnen im Rahmen einer geschlechtsbewussten Erziehung so wichtig?

_____

_____

_____

_____

_____

- Worin kann geschlechtsbewusste Erziehung konkret zum Ausdruck kommen?

d) Tauschen Sie sich in der Klasse zu Ihren Ergebnissen aus, ergänzen Sie gegebenenfalls Ihre Notizen und klären Sie offene Fragen.

6. Jakob soll sich auf dem Elternabend vorstellen.
   a) Sammeln Sie in der Klasse vor dem Hintergrund der Erkenntnisse, die Sie in dieser Lernsituation gewonnen haben, was Sie als Jakob beim Elternabend sagen können.

   b) Erproben Sie das Gespräch in einem **Rollenspiel**.

   Rollenspiel
   → S. 192
   - Verteilen Sie dazu folgende Rollen:
     – Jakob
     – Erzieherinnen (2 Personen)
     – Eltern, die kritisch gegenüber männlichen Praktikanten eingestellt sind (2 Personen)
     – Eltern, die männliche Praktikanten „toll" finden (2 Personen)

   - Fühlen Sie sich in Ihre Rollen ein.
   - Spielen Sie den Elternabend.
   - Tauschen Sie sich über das Rollenspiel anhand folgender Fragen aus:
     – Wie haben Sie sich als Darstellerinnen in Ihrer Rolle gefühlt? Was haben Sie gedacht?
     – Wo hatten Sie mit Ihrer Rolle Schwierigkeiten bzw. was machte die Rolle einfach?
     – Was haben Sie als Beobachterinnen gefühlt und gedacht?
     – Welche Positionen haben Sie als Beobachterinnen (gut) nachvollziehen können? Welche Argumente konnten Sie nicht überzeugen?

Aufgaben für die Praxis

1. Befragen Sie Ihre Praxisanleiterin nach Auswahlkriterien für Bewerberinnen um einen Praktikumsplatz und notieren Sie diese. Vergleichen Sie Ihre Ergebnisse in der Klasse.

2. Kommen Sie mit Ihrer Praxisanleiterin über folgende Fragen ins Gespräch:
    *   Unter welcher Trägerschaft wird Ihre Kindertageseinrichtung geführt?
    *   Worin zeigt sich das konkret?
    *   Welche Auswirkungen hat das auf Sie als Praktikantin?
    *   Notieren Sie Ihre Ergebnisse und tauschen Sie sich in der Klasse darüber aus.

3. Erkunden Sie in Ihrer Praxiseinrichtung, wie viele Frauen und Männer dort tätig sind. Tauschen Sie sich im Team über diese Verteilung und mögliche Gründe dafür aus. Überlegen Sie gemeinsam, welche Auswirkungen diese Verteilung auf die Arbeit mit den Kindern hat bzw. haben könnte.

4. Befragen Sie Ihre Praxisanleiterin, wie eine geschlechtsbewusste Erziehung in Ihrer Einrichtung konkret umgesetzt wird. Folgende Stichworte können Sie dabei ansprechen:
    *   Konzeption der Einrichtung
    *   Raumgestaltung (Innen- und Außenräume)
    *   Materialangebot
    *   Themen von Spiel- und Beschäftigungsangeboten
    Notieren Sie die Ergebnisse und tauschen Sie sich in der Klasse darüber aus.

5. Planen und gestalten Sie ein Beschäftigungsangebot, das die unterschiedlichen Interessen von Jungen und Mädchen aufgreift. Tauschen Sie sich über Ihre Erfahrungen dabei und über Verbesserungsmöglichkeiten in einer Teamsitzung aus.

Literaturtipps

www.bildungsnetz-berlin.de/download/studie_dissens.pdf
(Bildungsnetz Berlin: Zur Situation von Männern in „Frauen-Berufen" der Pflege und Erziehung in Deutschland – Eine Überblicksstudie)

Blank-Mathieu, M.: Kleiner Unterschied – große Folgen?
Zur geschlechtsbezogenen Sozialisation im Kindergarten.
Ernst-Reinhardt-Verlag 2002

Walter, M.: Jungen sind anders, Mädchen auch. Verlag Kösel 2005

Muth, C. (Hrsg.), T. Draeger: Gender mainstreaming im Kindergarten.
Ibidem Verlag 2008

Berufsrolle, Praktikantenrolle

Tageseinrichtungen für Kinder

Rechtliche und organisatorische Bedingungen

- Sie nehmen die Auswirkungen organisatorischer und rechtlicher Bedingungen auf Ihr Handeln wahr.
- Sie sind sich Ihrer Rolle als Praktikantin bewusst, übernehmen entsprechende Verantwortung und wirken an Lösungen für schwierige Situationen aktiv mit.
- Vor dem Hintergrund haftungsrechtlicher Bestimmungen grenzen Sie sich von unangemessenen Aufgabenübertragungen ab.

„Was darf ich und was nicht?"

Die Schülerin Nadine erzählt ihrer Mitschülerin:

„Stell dir vor: Seit zwei Wochen ist eine der zwei Erzieherinnen in meiner Kita krank. So haben die andere Erzieherin und ich die alleinige Verantwortung für die Kinder. Natürlich kann die Erzieherin ja nicht immer da sein und so bin ich manchmal mit einer anderen Praktikantin und der Köchin allein. Die Eltern kommen zu mir und befördern mich irgendwie zu einer Person mit Verantwortung. Sie sagen: Du machst das schon. Sie wissen auch nicht, wie es weitergehen soll. Sie sagen, dass sie ja schließlich mehr Geld als woanders bezahlen.

Ich frage mich, ob die Kita ohne Fachpersonal überhaupt offen sein darf und wer eigentlich dafür haftet, wenn etwas passiert. Und ich frage mich auch: Was darf ich und was nicht? Schließlich bin ich eine Praktikantin!"

Arbeitsaufträge

Standbild
→ S. 193

1. a) Stellen Sie die Situation in der Kita im **Standbild** dar. Eine Schülerin stellt mit Hilfe der Spielleiterin in der Klasse folgende Beteiligte auf:
   - Praktikantin Nadine
   - Erzieherin
   - kranke Erzieherin
   - Köchin
   - Eltern (4 Personen)
   - Kinder (4 Personen)
   - andere Praktikantin
   - einen Vertreter des Dachverbandes der privaten Kitas

Wählen Sie außerdem acht der übrigen Schülerinnen und weisen jeder eine Darstellende zu. Diese acht Schülerinnen notieren alle Aussagen der ihnen zugewiesenen Person bzw. die Aussagen, die für diese gesprochen werden, auf **Plakate**.

Plakat
→ S. 191

b) Die Spielleiterin stellt den Spielenden folgende Einfühlungsfragen:
   - Was machst du hier?
   - Was ist hier los?
   - Wie fühlst du dich?
   - Wo fühlst du das?
   - Was machen die anderen hier?
   - Was denkst du über die anderen?
   - Wie nimmst du sie wahr?
     (Hinweis: Nicht allen „Eltern" und „Kindern" müssen alle Fragen gestellt werden.)

c) Die beobachtenden Schülerinnen betrachten das Standbild und treten nacheinander hinter die Personen, denen sie eine Stimme geben möchten. Sie sprechen in der Ich-Form weitere Gedanken und Gefühle dieser Personen aus. Lösen Sie das Standbild auf, wenn niemand mehr etwas sagen möchte.

d) Die acht schreibenden Schülerinnen hängen die Plakate im Raum auf.

e) Lesen Sie die Aussagen auf den Plakaten, tauschen Sie sich darüber aus und kreisen Sie die jeweiligen Kernaussagen rot ein. Übertragen Sie diese in die folgende Abbildung.

Praktikantin Nadine	Erzieherin
kranke Erzieherin	Köchin
Eltern	Kinder
andere Praktikantin	Dachverband

f) Sammeln Sie auf Moderationskarten Fragen, die sich für Sie aus der Darstellung der Situation bzw. aus den Kernaussagen ergeben haben. Heften Sie diese an die Pinnwand.
Im Folgenden finden Sie zu einigen Fragen Aufgaben, andere können Sie in selbst gewählter Weise bearbeiten.

2. Nadine fragt sich: „Was darf ich und was nicht?"
    a) Was möchten Sie Nadine spontan zu der Situation raten, die sie beschreibt? Notieren Sie in Einzelarbeit.

b) Sammeln Sie in der Klasse selbst erlebte Situationen, in denen Sie unsicher waren, ob Sie eine Aufgabe übernehmen dürfen oder nicht. Halten Sie diese in der Abbildung fest.

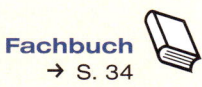
Fachbuch
→ S. 34

c) Informieren Sie sich im **Fachbuch** und in anderen Quellen (z. B. im Internet) über (haftungs-)rechtliche Bestimmungen für die Arbeit in der Kindertagesbetreuung.
d) Versuchen Sie, für die gesammelten Situationen mit Hilfe der rechtlichen Bestimmungen einzuschätzen, ob Sie die Verantwortung dafür übernehmen dürfen oder nicht. Falls Situationen offenbleiben, laden Sie zur Klärung eine (Rechts-)Expertin ein. Notieren Sie Ihre Ergebnisse zu den Situationen jeweils in die obige Abbildung.

3. Nadine erzählt, dass sie und die andere Erzieherin „die alleinige Verantwortung für die Kinder" haben und dass sie „manchmal mit einer anderen Praktikantin und der Köchin allein" ist.

a) Bereiten Sie in Kleingruppen **Rollenspiele** vor, in denen Nadine von der Erzieherin die Aufgabe bekommt, mit der Praktikantin und der Köchin die Kindergruppe über einige Stunden allein zu beaufsichtigen, oder in denen Eltern zu Nadine sagen: „Du machst das schon." Entwerfen Sie Handlungsmöglichkeiten dafür, wie Nadine sich von der Aufgabe abgrenzen kann.

Rollenspiel
→ S. 192

b) Spielen Sie die Rollenspiele in der Klasse und überdenken Sie diese jeweils anhand folgender Fragen:

- Wie haben Sie sich als Nadine gefühlt? Was ist Ihnen leicht-, was schwergefallen?
- Wie haben Sie sich als Erzieherin gefühlt? Inwieweit konnten Sie sich auf ein Gespräch einlassen?
- Falls weitere Spielende „aufgetreten" sind: Wie haben Sie sich gefühlt?

c) Sammeln Sie alle gespielten Handlungsmöglichkeiten, die Sie für sinnvoll halten, auf einem **Plakat** und übertragen Sie die Handlungsmöglichkeiten in Ihr Arbeitsbuch.

Plakat
→ S. 191

d) Überdenken Sie, welche der Handlungsmöglichkeiten für Ihre in Aufgabe 2 b) gesammelten selbst erlebten Situationen in Frage kämen.

Aufgaben für die Praxis

1. a) Führen Sie in Ihrer Einrichtung Interviews mit Erzieherinnen. Nutzen Sie hierzu folgende Fragen und ergänzen Sie diese:
    - Wie viele Kinder betreuen Sie in der Regel?
    - Was machen Sie, wenn eine Erzieherin krank wird?
    - Wie ist die Einbindung der Eltern?
    - Was wird von einer Praktikantin in Ausnahmesituationen erwartet?

    b) Informieren Sie sich in der Konzeption Ihrer Einrichtung über organisatorische und rechtliche Rahmenbedingungen. Vergleichen Sie Ihre Interviewergebnisse mit dem Gelesenen und besprechen Sie Ihre Eindrücke mit Ihrer Praxisanleiterin.

    Bringen Sie die Ergebnisse in die Schule mit und tauschen Sie sich in der Klasse darüber aus.

Literaturtipps

Gesetzliche Bestimmungen:
SGB VIII Kinder- und Jugendhilfegesetz
Ausführungsgesetze der Länder zu Tageseinrichtungen für Kinder
BGB Bürgerliches Gesetzbuch (z. B. zu Fragen der Aufsichtspflicht)

Prüfungsangst

Prüfungsvorbereitungen

Lernmethoden

- Sie verstehen Prüfungen als Chance, Ihre Kompetenzen zu zeigen.
- Sie sind mit den gesetzlichen Regelungen zur Prüfungsgestaltung vertraut.
- Sie überdenken eigene Ängste im Zusammenhang mit Prüfungen und wenden individuelle Bewältigungsstrategien an.
- Sie setzen zur Prüfungsvorbereitung geeignete Lernmethoden ein.

„Am schlimmsten ist meine Angst vor den mündlichen Prüfungen"

Heike beendet in drei Monaten ihre Ausbildung zur Kinderpflegerin mit einer Abschlussprüfung. Sie erzählt ihrer Lehrerin:

„Obwohl ich die meisten Unterrichtsstunden interessant finde, fällt mir das Aufarbeiten der Inhalte und das Lernen oft schwer. Besonders jetzt, wo die Prüfungen näherrücken, bekomme ich oft Angst. In meiner Schulzeit waren die Prüfungen auch ziemlich anstrengend und ich bin mir manchmal nicht sicher, ob ich den Anforderungen hier gewachsen bin. Am schlimmsten ist meine Angst vor den mündlichen Prüfungen. Da ist die Aufregung so groß, dass mir nichts mehr einfällt und ich nur noch stottere. Ich will Monika und Evelyn nachher fragen, ob wir zusammen lernen wollen. So könnten wir verschiedene Lernmethoden testen und auch mal eine Prüfungssituation nachspielen. Vielleicht macht mir das Lernen dann sogar Spaß und ich gewinne mehr Sicherheit und Selbstvertrauen. Zu Hause fertige ich mir erst einmal einen Plan für die Prüfungsvorbereitung an."

1. Heike erzählt, dass sie oft Angst bekommt, weil die Prüfungen näherrücken. Am größten ist ihre Angst vor mündlichen Prüfungen.

a) Bearbeiten Sie in Einzelarbeit folgende Fragen:

- Welche ähnlichen Erfahrungen wie die, die Heike schildert, haben Sie im Zusammenhang mit Prüfungen?

_____
_____
_____
_____

- Welche konkreten Ängste haben Sie im Zusammenhang mit Prüfungen?

_____
_____
_____

- Wie haben sich die Ängste geäußert?

_____
_____
_____

- Was hat Ihre Ängste beeinflusst?

_____
_____
_____

- Wie sind Sie mit Ihren Ängsten umgegangen?

_____
_____
_____

b) Tauschen Sie sich in Kleingruppen über Ihre Notizen aus.

c) Erzählen Sie sich Situationen, die Sie im Zusammenhang mit Prüfungen erlebt haben. Erstellen Sie ein **Mindmap** zum Thema Prüfung.

 **Mindmap**
→ S. 190

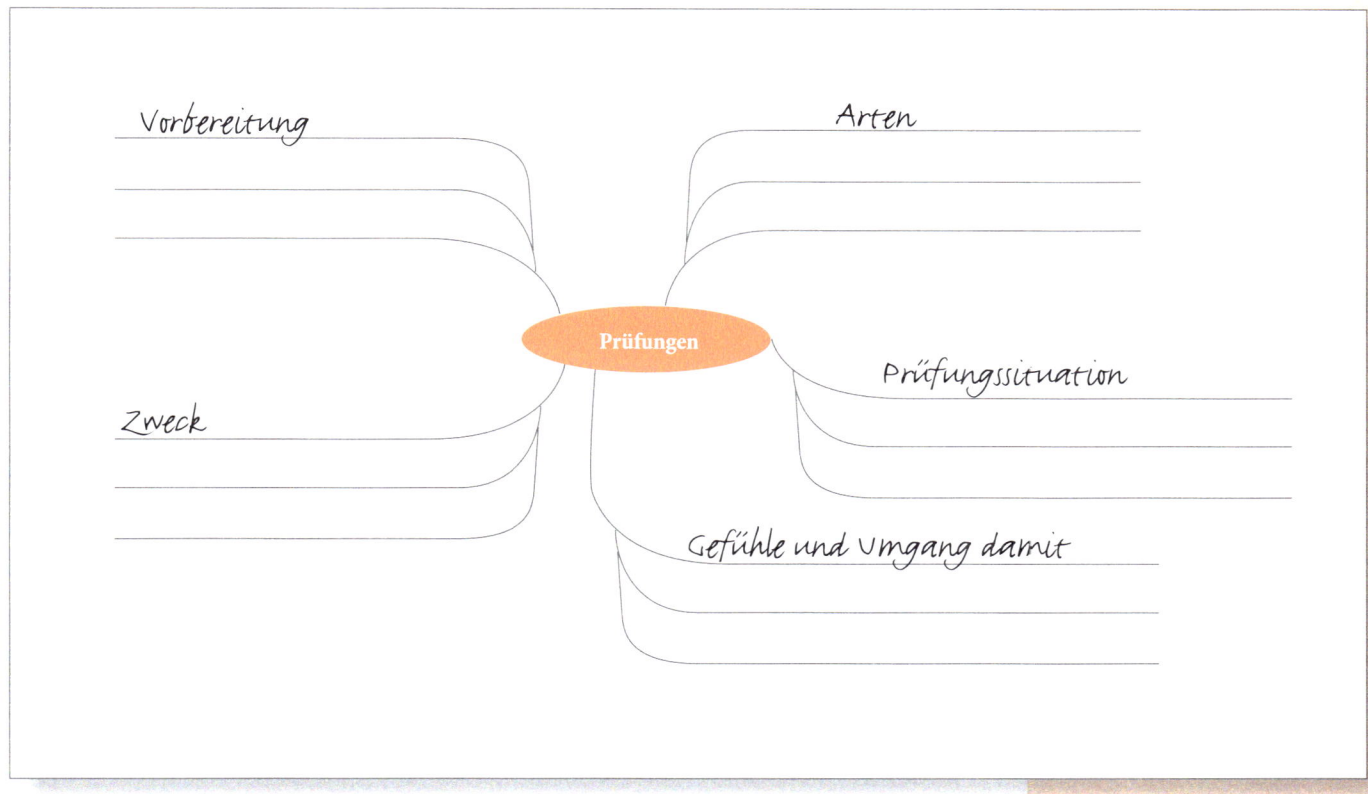

d) Vergleichen Sie Ihre Ergebnisse in der Klasse und ergänzen Sie Ihr Mindmap gegebenenfalls.

e) Überlegen Sie in Einzelarbeit, welche Strategien im Umgang mit Ängsten, die Sie bisher nicht kannten, Sie umsetzen möchten.

Ich möchte im Hinblick auf Prüfungsängste Folgendes ausprobieren.

2. Heike hat in drei Monaten ihre Abschlussprüfung. Sie ist sich manchmal nicht sicher, ob sie den Anforderungen gewachsen ist.

   a) Informieren Sie sich im Internet oder durch Informationsbroschüren Ihrer Schule über die gesetzlichen Bestimmungen zu Ihrer Ausbildung und zur Abschlussprüfung. Notieren Sie Ihre Ergebnisse in die Abbildung.

Meine Abschlussprüfung besteht aus folgenden Teilen …

Folgende Anforderungen muss ich erfüllen …

   b) Tauschen Sie sich in der Klasse über Ihre Ergebnisse aus. Ergänzen Sie Ihre Aufzeichnungen auch durch Informationen von Ihrer Lehrerin.

3. Heike hat einige Ideen dazu, wie sie bei der Prüfungsvorbereitung vorgehen kann.

a) Bearbeiten Sie folgende Aufgaben in einer Kleingruppe:

- Sammeln Sie aus der Handlungssituation alle Ideen, die Heike äußert. Notieren Sie diese in die erste Spalte der Tabelle.
- Ergänzen Sie die Sammlung um eigene Erfahrungen. Lesen Sie auch im **Fachbuch** das Kapitel zu Lernmethoden.
- Diskutieren Sie Vor- und Nachteile der verschiedenen Lernmethoden. Halten Sie Ihre Ergebnisse in folgender Tabelle fest.

Fachbuch
→ S. 72

Lernmethoden	Vorteile	Nachteile

b) Notieren Sie je eine Lernmethode auf eine Moderationskarte.

c) Gehen Sie nun in der Klasse auf einen **Marktplatz** der Möglichkeiten und bieten Sie Ihre Lernmethoden den Schülerinnen der anderen Kleingruppen an. Erzählen Sie sich gegenseitig, wie die Lernmethode umzusetzen ist und welche Vor- und Nachteile sie hat. Notieren Sie alle Methoden, die Sie noch nicht in Ihrer Tabelle haben.

Marktplatz
→ S. 190

d) Überlegen Sie in Einzelarbeit, welche Methoden Ihr Sicherheitsgefühl und Ihr Selbstvertrauen stärken könnten. Markieren Sie diese in der Tabelle.

e) Erstellen Sie einen persönlichen Zeitplan zur Prüfungsvorbereitung und stellen Sie ihn einer Mitschülerin vor.

	Woche	Uhrzeit	Woche	Uhrzeit	Woche	Uhrzeit
Lernbereich/Inhalte:						
•						
•						
•						
•						
•						
Lernbereich/Inhalte:						
•						
•						
•						
•						
•						
Lernbereich/Inhalte:						
•						
•						
•						
•						
•						
Lernbereich/Inhalte:						
•						
•						
•						
•						
•						

f) Tauschen Sie sich in der Klasse abschließend darüber aus, wie Sie sich gegenseitig beim Lernen und in der Prüfungszeit allgemein unterstützen können und was Sie sich von Ihren Lehrerinnen diesbezüglich wünschen. Notieren Sie Ihre Ideen auf einem Plakat und hängen Sie es im Klassenraum auf.

So können wir uns unterstützen ...

Von unseren Lehrerinnen wünschen wir uns ...

Aufgaben für die Praxis

1. Tauschen Sie sich mit Ihrer Praxisanleiterin über den Ablauf von praktischen Prüfungen anhand folgender Fragen aus:
    - Was muss ich in einer praktischen Prüfung genau machen?
    - Wie läuft die Prüfung ab? Wer wird dabei sein?
    - Wie kann ich mich auf die Prüfung am besten vorbereiten?
    - Was kann ich in der Prüfung tun, wenn ich nicht weiterweiß?

    Notieren Sie Ihre Ergebnisse.

Literaturtipps

Bornemann, Michael; Bornemann, Monika; Ising, Annegret; Richter, Hans-Jörg; Schulenberg, Wencke: Lernen lernen. Referate, Vorträge, Facharbeiten. Dudenverlag, Mannheim 2006

Burdenski, Anne; Donath, Andreas; Essler, Peter: Abenteuer Denken. Kreativ denken lernen. Potenziale entdecken und fördern. Gerth Medien, Asslar 2005

Zintl, Viola: Lernen mit System. Urban & Fischer, München 2000

www.haa-s.de
Informationen zum lebenslangen Lernen

www.lernen-heute.de
Informationen zum Lernen

Entscheidungen bei inneren Konflikten

Wiederkehrende Routinearbeiten

Wertschätzender Umgang mit Kindern

Rollenklärung als Praktikantin

- Sie wägen in inneren Konfliktsituationen Ihre Handlungsmöglichkeiten ab. Sie begründen Ihre Entscheidung.
- Sie hinterfragen die Bedeutung von Routinetätigkeiten.
- Sie begegnen Kindern wertschätzend.
- Ihnen ist bewusst, dass forderndes Verhalten von Kindern von unterschiedlichen Faktoren beeinflusst wird.

„Aber das Kind hörte nicht auf zu quengeln"

Franziska schreibt in ihren Praktikumsbericht:

Es war Freitag und die Kinder aus meiner Gruppe waren draußen. Da freitags immer der Weg am Sandkasten gefegt wird, sollte ich diese Aufgabe übernehmen. Kein Problem! Als ich anfing zu fegen, wollte der kleine Oscar auf der Schaukel angeschaukelt werden. Da ich aber die Aufgabe hatte, den Weg zu fegen, sagte ich ihm, dass ich komme, wenn ich den Weg sauber habe.

Aber das Kind hörte nicht auf zu quengeln und fragte immer und immer wieder. Ich musste mich entscheiden! Entweder anschaukeln oder die Aufgabe erfüllen, die mir meine Kindergartenleiterin gegeben hat? Ich war unsicher. Dann entschied ich mich für meine Aufgabe. Da Oscar nicht aufhörte zu rufen, war ich richtig gestresst.

Doch ich dachte, besser meine Aufgabe ordentlich erledigen, als Ärger zu bekommen. Wenn Oscar dann sauer ist, ist es auch nur für einen Moment. Und außerdem waren ja noch andere Erzieher da, die ihn anschaukeln konnten. Nur, Oscar wollte seinen Willen durchsetzen und von mir angeschaukelt werden.
Nachdem ich mit dem Fegen fertig war, schaukelte ich ihn an und er war nur ein paar Minuten leicht sauer. Irgendwie war ich mir trotzdem nicht sicher, ob ich mich richtig entschieden habe.

Arbeitsaufträge

1. Franziska ist sich nicht sicher, ob sie sich richtig entschieden hat. Notieren Sie in Einzelarbeit, wie Sie sich in der Situation entscheiden würden. Warum würden Sie sich so entscheiden?

Ich würde... _____

_____

weil ... _____

_____

2. a) Tauschen Sie sich in der Klasse über Ihre Entscheidungen und Ihre Begründungen aus.
   b) Bearbeiten Sie anschließend folgende Fragen in Kleingruppen:

   • Welche eigenen Erfahrungen mit ähnlichen Situationen haben Sie?

   _____

   _____

   _____

   • Worin bestand Ihr innerer Konflikt?

   _____

   _____

   _____

   • Welche Kriterien haben Sie in Ihrer Entscheidung geleitet?

   _____

   _____

   _____

c) Schreiben Sie Ihre Entscheidungskriterien stichpunktartig auf Moderationskarten.

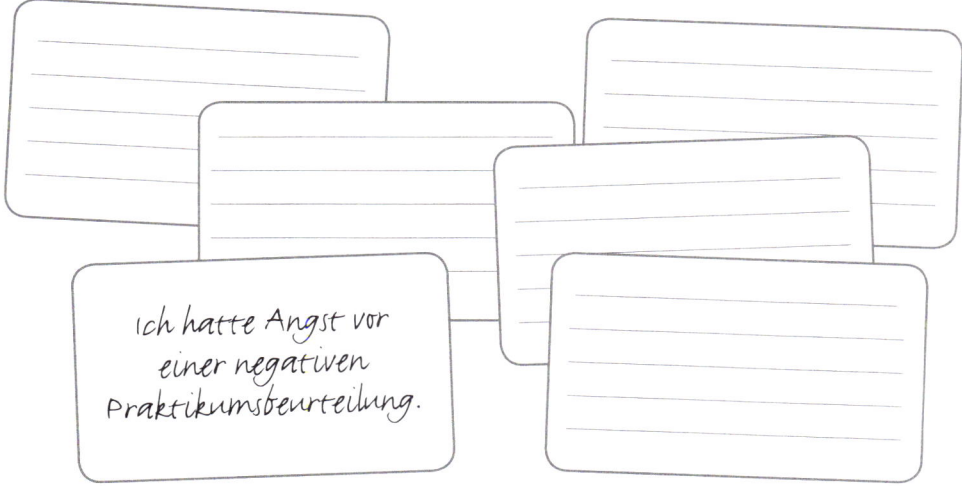

Ich hatte Angst vor
einer negativen
Praktikumsbeurteilung.

d) Stellen Sie sich Ihre Ergebnisse gegenseitig in der Klasse vor. Befestigen Sie die
   Karten auf der Metaplanwand.
   Clustern Sie die Karten gemeinsam und suchen Sie dann passende Über-   **Clustern**
   schriften. Diskutieren Sie die Ergebnisse in der Klasse.   → S. 188

Entscheidungs-
kriterien können
sein ...

3. a) Versetzen Sie sich in die Situation der Praktikantin Franziska. Welche Erwartungen haben die einzelnen Personen vermutlich an sie? Tragen sie die Erwartungen in Einzelarbeit in das Arbeitsblatt ein.
Übertreiben Sie, um die Situation von Franziska deutlicher zu machen.

Kita-Leiterin

Praktikantin Franziska

Kolleginnen

Kind Oscar

andere Kinder

Lehrerin

Eltern des Kindes

b) Wählen Sie nun Schülerinnen aus, die folgende Rollen übernehmen:
- Franziska
- Kindergartenleiterin
- Kollegin
- Kind auf der Schaukel
- anderes Kind der Gruppe
- Eltern
- Lehrerin

   Bereiten Sie die Darstellerinnen auf ihre Rollen vor, indem alle Schülerinnen ihre erarbeiteten Erwartungen an die jeweiligen Personen verteilen.

c) Die Darstellerin „Franziska" steht in der Mitte des Raumes, alle anderen Rolleninhaberinnen stehen um sie herum. Nacheinander treten die anderen Personen an „Franziska" heran und teilen ihr die Erwartungen an sie mit. „Franziska" antwortet den Darstellerinnen je nach eigener Entscheidung mit:
- „Diese Erwartung nehme ich gerne an" oder
- „Diese Erwartung weise ich ab."

d) Diskutieren Sie anschließend folgende Fragen in der Klasse.
- Gibt es Erwartungen, die Sie auf jeden Fall annehmen bzw. zurückweisen sollten?

_____

_____

_____

- Was kann passieren, wenn Franziska Erwartungen abweist? Welche Konsequenzen kann das haben?

_____

_____

_____

- Eine Erwartung an Franziska ist, dass sie die Routinetätigkeit „Sandkastenweg fegen" übernimmt. Wo liegen die Vor- bzw. Nachteile von regelmäßigen Aufgaben (Routinetätigkeiten)?

Routinetätigkeiten		
Vorteile		Nachteile

4. a) Sammeln Sie in der Klasse Ideen dazu, warum das Kind an der Schaukel „quengelt" und „immer wieder fragt".

b) Überlegen Sie in der Klasse:
- Was ist „Quengeln"?

_____

_____

_____

- Welche eigenen Erfahrungen haben Sie damit?

_____

_____

_____

c) Lesen Sie den folgenden Text in Einzelarbeit und fassen Sie Gründe für forderndes Verhalten von Kindern in Stichpunkten zusammen.

Das Quengel- und Jammerverhalten

Auffälligkeiten, die heute als störend empfunden werden, sind häufig nichts anderes als aus einer anderen Entwicklungsstufe übrig gebliebene, gelernte Problemlösestrategien, die damals recht erfolgversprechend ausgesehen haben. Ein Beispiel dafür ist das Quengel- und Jammerverhalten. Am Start dieser Auffälligkeit stehen ganz normale Verhaltensweisen, die alle Kinder hin und wieder benutzen, wenn sie etwas wollen oder partout eben nicht wollen: Sie zeigen instrumentelles Jammern, Quengeln und Schreien. Im Normalfall wird das Jammern unterbunden oder ignoriert. Der Erwachsene lenkt das Kind ab, sodass es von sich aus auf ein anderes Verhalten überwechselt. Das Kind lernt, dass Jammern nicht geeignet ist, seine Wünsche erfüllt zu bekommen. Ganz anders sieht die Situation aus, wenn die Erwachsenen sich uneindeutig verhalten: Mitunter signalisieren sie, dass sie Jammern, Quengeln und Schreien für keine gute Art halten, auf seine Wünsche aufmerksam zu machen. Meistens jedoch geben sie nach anhaltendem Jammern entnervt nach und geben mit dem Satz „Mach doch, was du willst!" die Erziehungszügel aus der Hand. Auf diese Weise lernt das Kind, dass es nur beharrlich weiterjammern und verstärkt quengeln muss, um sein Ziel zu erreichen.
Wenn sich dieses auffällige Verhalten ändern soll, ist genau dies der Ansatzpunkt, an dem das Kind umlernen kann: Auf Jammerei darf nicht mehr der erhoffte Effekt folgen. Die wenigen Male, in denen andere, angemessene Strategien zur Kontaktaufnahme und Wunschäußerung vom Kind angewandt werden, müssen bemerkt und im Ansatz unterstützt werden. Sie sollten, soweit möglich, erfolgreich sein. Wichtig sind auch Erklärungen, warum so nicht und wie besser agiert werden kann, denn dem Kind fehlt das richtige Modell zur adäquaten Bedürfnisäußerung. Ohne diese Hilfe bleibt das Kind im alten Problemlösemuster stecken. Nur wenn die Strategie unwirksam wird und das Kind bei der Suche nach einer Alternative Unterstützung bekommt, kann der alte Weg verlassen werden.

Quelle: Krenz, A. (Hrsg.):
Psychologie für Erzieherinnen
und Erzieher, S. 157,
Cornelsen Verlag

Gründe für forderndes Verhalten von Kindern:

_____

_____

_____

_____

_____

_____

_____

d) Tauschen Sie sich in der Klasse über Ihre Ergebnisse aus und ergänzen Sie anschließend Ihre Stichpunkte.

5. Franziska ist sich eventuell deshalb nicht sicher mit ihrer Entscheidung, weil sie den Kindern wertschätzend begegnen will.
   a) Notieren Sie in Einzelarbeit, was die Aussage „Kindern wertschätzend begegnen" für Sie bedeutet.

b) Tauschen Sie sich in der Klasse darüber aus, was Sie als wertschätzend oder nicht-wertschätzend empfinden.

Sammeln Sie konkrete wertschätzende und nicht-wertschätzende Aussagen bzw. konkretes wertschätzendes bzw. nicht-wertschätzendes Verhalten gegenüber Kindern.

Wertschätzende Aussagen bzw. wertschätzendes Verhalten	Nicht-wertschätzende Aussagen bzw. nicht-wertschätzendes Verhalten

6. a) Notieren Sie in der Abbildung, wie Sie sich jetzt in Franziskas Situation entscheiden würden.

Ich würde... _____

_____

_____

weil ... _____

_____

b) Überlegen Sie, was sich gegenüber Ihrer Entscheidung aus Aufgabe 1 a verändert hat und warum.

1. a) Interviewen Sie Mitarbeiterinnen aus verschiedenen Praxiseinrichtungen (Kindertagesstätte, Kindertagespflegeeinrichtung, Kinderhort etc.), welche Erwartungen sie an Praktikantinnen haben.
   b) Halten Sie die Ergebnisse der Befragungen schriftlich, auf einem Tonband oder einer Videokamera fest.
   c) Präsentieren Sie die Ergebnisse in der Klasse und werten Sie sie aus.

2. a) Fragen Sie die Mitarbeiterinnen in verschiedenen Praxiseinrichtungen (s. o.), welche Routinetätigkeiten in ihrer Einrichtung anfallen und warum diese in der täglichen Arbeit wichtig sind. Dokumentieren Sie die Antworten auf dem Arbeitsblatt.

Art der Tätigkeit	Wie oft?	Warum?

   b) Tauschen Sie sich in der Klasse hierzu aus. Diskutieren Sie die Antworten.

3. a) Beschreiben Sie kurz eine Situation aus dem Praktikum, in der Sie sich für ein bestimmtes Handeln entscheiden mussten.
   b) Überlegen Sie, auf Grund welcher Kriterien Sie sich entschieden haben, und besprechen Sie diese mit Ihrer Praxisanleiterin.

Themenschwerpunkte

Kommunikation

Erziehungsstile

Zusammenarbeit mit Eltern

Kompetenzen

- Sie nehmen verschiedene Erziehungsstile von Eltern bewusst wahr und überdenken Ihre persönlichen Einschätzungen dazu.
- Sie leisten Ihren Beitrag im Erziehungsprozess in Absprache mit den Beteiligten.
- Sie grenzen sich von Verhaltensweisen der Eltern gegenüber ihren Kindern, die Ihren Überzeugungen und Gefühlen widersprechen, innerlich ab.
- Sie nehmen Ihre eigenen Gefühle in schwierigen Situationen wahr.
- Sie treten in schwierigen Situationen in Kontakt zu den Eltern bzw. stellen den Kontakt zwischen Eltern und Erzieherinnen her.

Handlungssituation

„Ich möchte nicht, dass ihr meinem Sohn dabei helft"

Büsra erzählt von ihrem Praktikum in der Kita:

„Als ich an einem Morgen in den Kindergarten gekommen bin, hat der Tag eigentlich ganz gut angefangen, bis ich dann einen Jungen aus meiner Gruppe in der Garderobe weinen hörte. Ich dachte, dass etwas richtig Schlimmes passiert sein musste, doch dann kam die Mutter mit dem Jungen in die Gruppe. Die Mutter kam auf mich zu, mir wurde richtig mulmig, und ich wusste nicht, was gleich passiert. Mir sind ganz viele Dinge durch den Kopf geschossen! Dann fing die Mutter mit einer lauten Stimme an zu reden und sagte: ‚Ich möchte nicht, dass ihr meinem Sohn dabei helft, seine Tasche sauberzumachen, denn ich habe ihm gesagt, er soll nicht mit seiner Tasche spielen, weil da ein Jogurt drin ist.' Ich wusste gar nicht, was ich sagen sollte, mir ging einfach nicht der Mund auf. Der Junge weinte immer noch. Als die Mutter dann endlich weg war, haben wir ihn erstmal getröstet und ihm geholfen, die Tasche zu reinigen."

1. Büsra berichtet: „Die Mutter kam auf mich zu, mir wurde richtig mulmig, und ich wusste nicht, was gleich passiert. Mir sind ganz viele Dinge durch den Kopf geschossen!"

   a) Überdenken Sie in Einzelarbeit:

   - Was mag Büsra in dieser Situation wohl durch den Kopf geschossen sein?

   - Was möchten Sie spontan zu Büsra sagen?
   - Was möchten Sie spontan zur Mutter sagen?

Büsra   Mutter

   b) Tauschen Sie sich in einer Kleingruppe über Ihre Notizen und über ähnliche selbst erlebte Situationen aus, in denen es Ihnen „richtig mulmig" wurde und Ihnen „ganz viele Dinge durch den Kopf geschossen" sind.

2. Büsra schildert die Situation, in der die Mutter auf sie zukommt und ihr Anweisungen gibt.
   a) Überdenken Sie in Einzelarbeit:
   - Welcher Eindruck wird durch Büsra über die Mutter vermittelt?

_____

_____

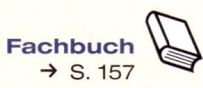

Fachbuch
→ S. 157

   - Lesen Sie im **Fachbuch** zum Thema Erziehungsstile. Welchen Eindruck haben Sie zum Erziehungsstil der Mutter? Begründen Sie Ihren Eindruck.

_____

_____

   b) Tauschen Sie sich in einer Kleingruppe über Ihre Einschätzungen aus.

3. Büsra sagt in der Handlungssituation: „Ich wusste gar nicht, was ich sagen sollte, mir ging einfach nicht der Mund auf!"

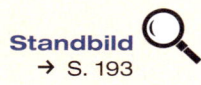

Standbild
→ S. 193

   a) Bauen Sie im Plenum ein **Standbild** zu dieser Szene. Gehen Sie in folgenden Schritten vor.
   - Überlegen Sie zunächst gemeinsam, welche Personen neben Büsra beteiligt sind.
   - Eine Schülerin baut das Standbild mit den entsprechenden Personen auf.
   - Die Spielleiterin befragt die Darstellenden wie diese sich fühlen.
   - Die beobachtenden Schülerinnen betrachten das Bild, treten hinter die Person, der sie eine Stimme geben wollen, und sprechen ihre Gedanken oder Gefühle in der Ich-Form aus.

   b) Lösen Sie das Standbild auf und besprechen Sie es anhand folgender Fragen:
   - Wie haben Sie sich als Darstellende gefühlt?
   - Wie hat das Standbild auf die Beobachtenden gewirkt?
   - Welche Beweggründe des Handelns wurden deutlich? Notieren Sie diese in die Abbildung.

Büsra   Junge   Beobachtende   Mutter

4. In der Handlungssituation sagt die Mutter: „Ich möchte nicht, dass ihr meinem Sohn dabei helft, seine Tasche sauberzumachen, denn ich habe ihm gesagt, er soll nicht mit seiner Tasche spielen, weil da ein Jogurt drin ist."

a) Lesen Sie in Einzelarbeit im **Fachbuch** das Kapitel zum Kommunikationsmodell von Friedemann Schulz von Thun – insbesondere den Abschnitt über die vier Seiten einer Nachricht.

Fachbuch
→ S. 86

b) Tauschen Sie sich in einer Kleingruppe über folgende Fragen aus:
- Welche vier Botschaften sendet die Mutter mit ihrem Satz? Notieren Sie Ihre Ideen in die Tabelle.

Seiten einer Nachricht:	Botschaften der Mutter:
Sachinhalt	
Selbstoffenbarung	
Beziehung	
Appell	

- Was hat Büsra mit den verschiedenen „Empfängerohren" vermutlich gehört? Notieren Sie Ihre Ideen in die Tabelle.

Empfängerohr	Büsra hört:
Sachohr	
Selbstoffenbarung	
Beziehungsohr	
Appellohr	

- Wenn Sie Büsra wären: Mit welchem Ohr hätten Sie selbst an Büsras Stelle wohl gehört? Welchen Einfluss hätte dabei eventuell das Umfeld „Kindergarten"?

c) Erproben Sie in **Rollenspielen** Handlungsmöglichkeiten für Büsra, die sich aus den verschiedenen Hörweisen ergeben. Die Hauptspielerin „Büsra" wechselt dabei in jedem Spieldurchlauf, die anderen Schülerinnen verbleiben in ihrer Rolle. Jedes Rollenspiel beginnt mit der obigen Aussage der Mutter „Ich möchte nicht ..."

Rollenspiel
→ S. 192

d) Die beobachtenden Schülerinnen beschreiben nach jedem Durchlauf:
- Wie hat Büsra reagiert?
- Mit welchem Ohr hat Büsra (vermutlich) gehört?

e) Halten Sie abschließend Ihre Erkenntnisse zur Frage fest: Welche Konsequenzen auf Ihr Handeln hat das Hören mit einem bestimmten Ohr?

5.　Büsra erzählt: „Als die Mutter dann endlich weg war, haben wir den Jungen erstmal getröstet und ihm geholfen, die Tasche zu reinigen."

　　a) Tauschen Sie sich in Kleingruppen über folgende Fragen aus:
　　• Wie schätzen Sie das Verhalten von Büsra und den Erzieherinnen vor dem
　　　Hintergrund dessen, was die Mutter gesagt hat, ein?

　　• Welche Gründe könnte Büsra für ihr Handeln gehabt haben?

　　• Welche Auswirkungen hat Büsras Verhalten vermutlich auf den Jungen?

b) Tauschen Sie sich über selbst erlebte Situationen mit Verhaltensweisen von Eltern gegenüber ihren Kindern aus, die Ihren Überzeugungen und Gefühlen widersprochen haben. Beziehen Sie dabei auch Ihre eigenen Kindheitserfahrungen ein.
- Was ist in den Situationen genau passiert?
- Was hat daran Ihren Gefühlen und Überzeugungen widersprochen?
- Wie haben Sie sich innerlich oder äußerlich abgegrenzt?
- Wie sehen Sie diese Situationen heute?

c) Bearbeiten Sie folgende Fragen:
- Warum ist die Zusammenarbeit zwischen Eltern und Erzieherinnen so wichtig?

- Wie könnte Büsra in ihrer Rolle als Praktikantin dazu beitragen, dass die Zusammenarbeit zwischen Eltern und Erzieherinnen gelingt?

- Wie könnte Büsras Beitrag zum Erziehungsauftrag in dieser Situation konkret aussehen? Begründen Sie Ihre Ideen.

d) Diskutieren Sie Ihre Vorschläge in der Klasse.

Aufgaben für die Praxis

1. Kommen Sie mit Eltern darüber ins Gespräch, welche Aspekte ihnen bei der Erziehung ihres Kindes besonders wichtig sind. Notieren Sie die Aussagen und überdenken Sie, welchen Erziehungsstilen sich die Aussagen zuordnen lassen. Kommen Sie mit Ihrer Praxisanleiterin über Ihre Einschätzungen ins Gespräch.

2. Nehmen Sie Situationen, in denen Sie Unsicherheiten, Ängste und Rollenkonflikte im Kontakt mit Eltern spüren, aufmerksam wahr und kommen Sie mit Ihrer Praxisanleiterin über Handlungsmöglichkeiten ins Gespräch.

3. Überprüfen Sie Ihr „Hören", indem Sie Ihre Interaktionen mit Eltern und Kindern beobachten. Notieren Sie die Aussagen von Eltern und Kindern und Ihre persönliche Hörweise.

4. Kommen Sie mit Ihrer Praxisanleiterin über folgende Fragen ins Gespräch und notieren Sie Ihre Ergebnisse:
   - Welche Formen der Elternarbeit gibt es in der Einrichtung?
   - Mit welchen Formen der Zusammenarbeit werden besonders gute Erfahrungen gemacht? Welche Formen der Zusammenarbeit werden eher als problematisch erlebt und warum?
   - Wie sieht die Zusammenarbeit mit den Eltern bei der Gestaltung des Erziehungsprozesses ihrer Kinder genau aus?

5. Wirken Sie aktiv an einer Form der Zusammenarbeit zwischen Erzieherinnen und Eltern in Ihrer Praktikumseinrichtung mit und berichten Sie darüber in der Klasse.

Literaturtipps

Kolthoff, M.: Gesprächskultur mit Kindern. Weinheim und Basel: Beltz 2006

Dusolt, H.: Elternarbeit als Erziehungspartnerschaft. Ein Leitfaden für den Vor- und Grundschulbereich. 3. Auflage, Weinheim und Basel: Beltz 2008

Textor, M.: Elternmitarbeit: Auf dem Wege zur Erziehungspartnerschaft. Kindergartenpädagogik. Online-Handbuch (www.kindergartenpaedagogik.de/12.html)

Interkulturelle Arbeit in der Kindertagesstätte

Religionszugehörigkeit

Zusammenarbeit mit Eltern

- Ihnen ist bewusst, dass die Zugehörigkeit zu einer Religion eine Wirkung auf die Lebensweisen einer Familie haben kann. Auch wenn Ihnen solche Lebensweisen unverständlich sind, vermeiden Sie schnelle Deutungen darüber und binden diese im Sinne der Kinder in die Tagesgestaltung der Kindertagesstätte ein.
- Sie sind dafür sensibilisiert, dass die Zugehörigkeit zu einer Religion bzw. Kultur der Eltern Einfluss auf die Tagesgestaltung in der Kindertagesstätte nimmt.
- Sie überdenken Ihre eigenen Gefühle in Ihnen unverständlichen Situationen und verfügen über Handlungsmöglichkeiten.

„Sie durften nicht unter den Rasensprenger"

Die Schülerin Silvia erzählt einer Mitschülerin:

„In der Kita waren viele ausländische Mädchen und Jungen. Es kam die Situation auf, dass alle Kinder unter den Rasensprenger wollten und sich bis auf die Unterhose auszogen.
Die Mädchen, die muslimische Eltern haben, sollten jedoch angezogen bleiben und durften nicht unter den Rasensprenger. Die Mädchen kamen dann auch zu mir, und ich glaube, sie waren traurig, weil sie auch gerne mit den anderen Kindern spielen wollten. Daraufhin sprach ich die Erzieherin noch mal an. Sie blieb aber bei ihrer Entscheidung mit den Worten: ‚Ich will keinen Stress mit den Eltern haben.'
Ich konnte das einfach nicht verstehen und hatte Mitleid mit den Mädchen. Auch wenn ich die Ansichten der Eltern akzeptiere. Die Situation hat mich auch noch in meiner Freizeit beschäftigt, weil ich gerne für das nächste Mal eine Lösung gefunden hätte, damit die Mädchen sich nicht ausgegrenzt fühlen müssen."

Arbeitsaufträge

1. Die Schülerin Silvia erzählt: „Es kam die Situation auf, dass alle Kinder unter den Rasensprenger wollten und sich bis auf die Unterhose auszogen."

   a) Bauen Sie in der Klasse ein Standbild zu der Handlungssituation:
   - Eine Lernende baut das Standbild mit folgenden Personen auf: Erzieherin; Schülerin Silvia; zwei Kinder, die sich ausziehen dürfen; zwei Kinder, die sich nicht ausziehen dürfen, und ein Elternpaar.
   - Die beobachtenden Lernenden betrachten das Standbild, treten hinter die Person, der sie eine Stimme geben wollen, und sprechen ihre Gedanken oder Gefühle in der Ich-Form aus.
   - Zwei weitere Lernende halten alle Aussagen auf **Plakaten** fest.

Plakat
→ S. 191

   b) Übertragen Sie alle Aussagen in die folgende Abbildung:

   c) Tauschen Sie sich in Kleingruppen darüber aus, welche Deutungen über die Situation in den Aussagen zum Ausdruck kommen.
   Notieren Sie diese:

   _____

   _____

   _____

   _____

   _____

   _____

   d) Stellen Sie eine Aussage und deren Deutung in der Klasse vor. Ergänzen Sie Ihre Aufzeichnungen in Aufgabe 1c) mit Deutungen, die zu Ihren eigenen gegebenenfalls besonders gegensätzlich sind.

2. Silvia erzählt, dass die Mädchen, die muslimische Eltern haben, angezogen bleiben sollten und nicht unter den Rasensprenger durften, weil die Erzieherin „keinen Stress mit den Eltern haben will".
   a) Schätzen Sie die Entscheidung der Erzieherin in einer Kleingruppe ein.
   • Was könnte die Erzieherin mit ihrer Aussage meinen?
   • Würden Sie genauso wie die Erzieherin entscheiden? Warum? Warum nicht?
   Notieren Sie Ihre Meinung.

   _____

   _____

   _____

   _____

   _____

   _____

   b) Tauschen Sie sich in der Klasse darüber aus, was Sie über muslimische Lebens-
      weisen wissen. Lassen Sie dabei Ihre Erfahrungen mit muslimischen Kindern
      einfließen. Fertigen Sie ein **Mindmap** dazu an.

Mindmap
→ S. 190

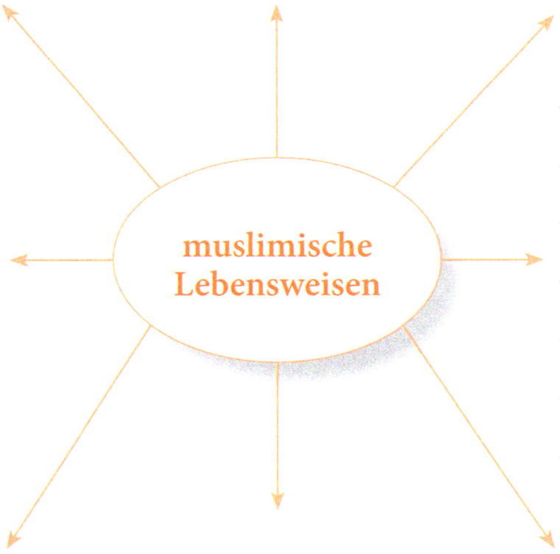

muslimische
Lebensweisen

c) Lesen Sie den folgenden Text zum Thema Kultur.

„Kultur ist ein universelles, für eine Nation, Gesellschaft, Organisation und Gruppe aber sehr typisches Orientierungssystem. Dieses Orientierungssystem wird aus spezifischen Symbolen gebildet. Es beeinflusst Wahrnehmen, Denken, Werten und Handeln aller Mitglieder und legt demzufolge deren Zugehörigkeit zur Gesellschaft, Organisation oder Gruppe fest. Das Orientierungssystem ermöglicht den Mitgliedern ihre eigene Umweltbewältigung. Das so strukturierte Handlungsfeld reicht von geschaffenen Objekten bis hin zu Institutionen, Ideen und Werten." Thomas, A.: „Kulturelle Divergenzen in der deutsch-deutschen Wirtschaftskooperation". In: T. Bungarten (Hrsg.). Deutsch-deutsche Kommunikation in der Wirtschaftskooperation. Tostedt, Attikon 1994

Dieser Definition folgend, hat jede Kultur also ihre eigenen Konzepte, Überzeugungen, Wertorientierungen und Einstellungen. Diese werden sichtbar im Verhalten der Menschen, in ihrem Handeln und in ihren Produkten. Solche Produkte sind zum Beispiel die Märchen und Erzählungen einer Kultur. In ihnen leben die Helden und damit die Vorbilder der Kultur von Generation zu Generation weiter. Ebenso werden Werte, Normen und auch Einstellungen und Überzeugungen weitergegeben…. Eine weitere Möglichkeit, den Kulturbegriff zu verstehen, ist, sich Kultur als ererbte Brille vorzustellen, welche die Weltsicht eines Einzelnen filtert. Das Glas dieser Brille besteht aus gemeinsamen Ideen und Bedeutungen, durch welche die Mitglieder einer Gesellschaft im Alltag die Welt wahrnehmen, ihr persönliches Verhalten steuern und ihre emotionalen Reaktionen bestimmen. Sie ist der Ausgangspunkt zur Interaktion mit anderen, da die Wahrnehmung jedes Menschen von seinem kulturellen Hintergrund beeinflusst wird.

d) Überdenken Sie, welche religiösen bzw. kulturellen Einflüsse auf den Tagesablauf in der Kindertagesstätte Sie erlebt haben. Notieren Sie diese:

_____

_____

_____

_____

_____

Collage
→ S. 188

e) Bearbeiten Sie folgende Aufgaben in fünf Kleingruppen:
- Erstellen Sie eine **Collage** zu jeweils einer der fünf Weltreligionen (Judentum, Christentum, Islam, Buddhismus, Hinduismus). Stellen Sie die wichtigsten religiösen Bräuche zu folgenden Bereichen dar: Essen, Trinken, Beten, Gebräuche, Feiern. Nutzen Sie Fachliteratur und das Internet.
- Verdeutlichen Sie in der Collage auch, welchen Einfluss die verschiedenen Aspekte der Religion auf die Tagesgestaltung in der Kindertagesstätte haben bzw. haben könnten.

f) Stellen Sie Ihre Collagen in der Klasse aus. Überdenken Sie Ihre Collagen anhand der folgenden Fragen:
- Welche Diskrepanzen zwischen religiösen Bräuchen und der gelebten Tagesgestaltung sehen Sie?
- Auf welche religiösen Bräuche wird nicht eingegangen? Welche Gründe vermuten Sie dafür?

g) Vergleichen Sie Ihre Ergebnisse mit dem Mindmap in 2b). Überdenken Sie, was war „richtig" und was „falsch"? Ergänzen bzw. verbessern Sie das Mindmap.

h) Überdenken Sie in Einzelarbeit:
- Welcher Religion bzw. Kultur gehören Sie an?
- Welche religiösen und kulturellen Bräuche leben Sie regelmäßig aus?

- Vergleichen Sie Ihre Notizen mit dem, was die Gruppe für Ihre Religion erarbeitet hat: Welche Widersprüche sehen Sie? Wie sind sie begründet?
- Welche Konsequenzen leiten Sie daraus ab?

i) Tauschen Sie sich in der Klasse über Ihre Ergebnisse aus 2g) aus. Überlegen Sie, was Sie der Erzieherin nun antworten bzw. wonach Sie sie fragen könnten.

j) Entwerfen Sie abschließend ein Merkblatt für Ihre Praxiseinrichtung, das Erzieherinnen nutzen können, wenn Kinder neu in die Kindertagesstätte aufgenommen werden.

Was wir über Kinder aus verschiedenen Religionen bzw. Kulturen wissen sollten:

1. *Welcher Religion bzw. Kultur fühlt sich die Familie zugehörig?*

2.

---

3. Silvia sagte: „Ich konnte das einfach nicht verstehen und hatte Mitleid mit den Mädchen …. Die Situation hat mich auch noch in meiner Freizeit beschäftigt, weil ich gerne für das nächste Mal eine Lösung gefunden hätte."

a) Tragen Sie in Einzelarbeit mögliche Gedanken und Gefühle von Silvia zu diesen Aussagen in die Abbildung ein.

Ich denke …

Ich fühle …

b) Überdenken Sie Ihre eigenen Gefühle und Ihr Handeln in Situationen, die Ihnen unverständlich sind/waren. Notieren Sie Ihre Ergebnisse in die Tabelle.

Situationen, die mir unverständlich sind/waren…	Meine Gefühle und Gedanken…	So habe ich spontan gehandelt…	Das hat/hätte mir geholfen, mit der Situation umzugehen…

c) Tauschen Sie sich in Kleingruppen über Ihre Ergebnisse aus. Suchen Sie gemeinsam Handlungsmöglichkeiten für Ihre selbst erlebten Situationen.

d) Sammeln Sie abschließend in der Klasse, was Silvia in der Handlungssituation hätte tun können bzw. wie sie mit zukünftigen ähnlichen Situationen umgehen könnte.

Silvia könnte …

Aufgaben für die Praxis

1. Befragen Sie Ihre Kolleginnen, wie die Religions- bzw. Kulturzugehörigkeit der Familien Einfluss auf das Tagesgeschehen in der Kindertagesstätte nimmt.

2. Stellen Sie der Leiterin der Kindertagesstätte und Ihren Kolleginnen das Merkblatt aus Aufgabe 2 i) vor. Überlegen Sie, ob und in welcher Form das Merkblatt in der Einrichtung zum Einsatz kommen kann oder ob es ggf. angepasst werden muss.

3. Beobachten Sie sich selbst in Situationen, die Ihnen unverständlich sind. Überdenken Sie:
   - Welche Gedanken und Gefühle löst die Situation bei mir aus?
   - Deute ich die Situation schnell oder denke ich erst einmal darüber nach, was der Situation zu Grunde liegt?
   - Welche konkreten Auswirkungen hat die Situation für mein Handeln?
   - Welche Konsequenzen ziehe ich für mich?

Wahrnehmung und Beobachtung

Sprachentwicklung

Sprachförderung

Konfliktlösung

- Sie verfügen über freischwebende Aufmerksamkeit in Ihrer Einrichtung.
- In Streitsituationen zwischen Kindern reagieren Sie bedacht und setzen eindeutige Grenzen.
- Sie sind für Auffälligkeiten in der Sprachentwicklung von Kindern sensibilisiert. Ihnen sind Ursachen, Formen, Auswirkungen und Therapiemöglichkeiten von Sprachstörungen und Sprachentwicklungsverzögerungen bei Kindern bewusst.
- Sie nehmen Beißen als körperliche Ausdrucksweise wahr und unterstützen Kinder in angemessenen Formen der Mitteilung.
- Sie integrieren Elemente der Sprachförderung in die alltäglichen Abläufe.

„Luta maht …"

Silke erzählt aus ihrem Praktikum in der Kita:

„Als ich noch Tee für das Frühstück aus der Küche holte, hörte ich aus dem Gruppenraum ein Kind weinen. Ich kam und sah, dass es der vierjährige Luca war. Er saß dort neben Jan – der ist drei – am Frühstückstisch. Mein Blick fiel auf Jans Tasse, in der eine unappetitliche Brühe schwamm – eine Mischung aus Tee und Kakao. Ich fragte Jan, ob er sich das so eingegossen habe. Er sagte nichts, sondern schaute mich nur verlegen an. Ich merkte, dass er unsicher wurde, und fragte ihn noch einmal, worauf er mir antwortete: ‚Luta maht'
Ich schaute Luca an, der mittlerweile aufgehört hatte mit dem Weinen. Ich fragte ihn, was los war, und er sagte: ‚Ich wollte Jan doch nur helfen, aber da hat der mich gebissen.' Da bat ich Luca, alles zu erzählen, was passiert ist. Er sagte: ‚Jan wollte was zu trinken haben, aber der kann ja nicht richtig sprechen und da hab ich ihm beides eingegossen.' Ich fragte mich, wie ich Jan helfen kann, sich verständlicher auszudrücken."

Arbeitsaufträge

1. Luca sagt: „Ich wollte Jan doch nur helfen, aber da hat der mich gebissen."
   a) Überlegen Sie in Einzelarbeit:
   • Was denken und fühlen Sie zur Szene in der Abbildung:

Ich denke:

_____

_____

Was möchten Sie spontan zu Jan sagen?

_____

_____

_____

Ich fühle:

_____

_____

Was möchten Sie spontan zu Luca sagen?

_____

_____

_____

• Welche Situationen haben Sie schon einmal erlebt, in denen Sie sich nicht verständlich machen konnten? Welche Gefühle löste das bei Ihnen aus?

   b) Vergleichen Sie in einer Kleingruppe Ihre Aufzeichnungen. Tauschen Sie sich anschließend über folgende Fragen aus:
   • Welche Deutungen über das Beißen kommen in Ihren Notizen zum Ausdruck?

   _____

   _____

   _____

   • Warum hat Jan wohl gebissen und was will er damit vermutlich sagen?

   _____

   _____

   _____

   c) Recherchieren Sie zur Bedeutung des Beißens im Alter von Jan im Internet.

   d) Tauschen Sie sich in der Klasse über Ihre Ergebnisse aus.

2. In der Handlungssituation wird deutlich, dass Jan Sprachschwierigkeiten hat.
    a) Bearbeiten Sie folgende Aufgaben in Einzelarbeit:
    • Lesen Sie im **Fachbuch** das Kapitel über Sprachentwicklung.
    • Beschreiben Sie, wie Jan entsprechend seinem Alter sprechen können sollte.

Fachbuch
→ S. 108

    • Formulieren Sie Jans Aussage „Luta maht" in einen von dreijährigen Kindern
      zu erwartenden Satz um.

    • Vergleichen Sie die beiden Sätze miteinander und beschreiben Sie, welche
      Sprachschwierigkeiten Jan vermutlich hat.

    b) Vergleichen Sie Ihre Ergebnisse in einer Kleingruppe. Bearbeiten Sie anschlie-
       ßend folgende Aufgaben:
    • Welche Folgen zeigen sich in der Handlungssituation aus Jans Sprachschwie-
      rigkeiten?

    • Sammeln Sie weitere Auswirkungen, die Sie selbst erlebt haben.

    • Sammeln Sie Gründe dafür, warum eine angemessene Sprachentwicklung für
      Kinder wichtig ist.

Warum ist eine angemessene Sprachentwicklung für Kinder wichtig?

    c) Vergleichen und diskutieren Sie Ihre Ergebnisse und Erfahrungen in der
       Klasse.

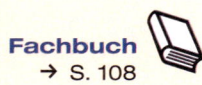
Fachbuch
→ S. 108

d) Lesen Sie im **Fachbuch** die Tabelle zur Sprachentwicklung, in der angegeben ist, wie Kinder in einem bestimmten Alter sprechen können sollten. Diskutieren Sie über Chancen und Gefahren der „Normierung" kritisch. Halten Sie Ihre Ergebnisse auf einem Plakat fest.

Wandzeitung
→ S. 194

e) Erstellen Sie in einer Kleingruppe eine **Wandzeitung** über Ursachen, Formen, Auswirkungen und Therapiemöglichkeiten von Sprachstörungen und Sprachentwicklungsverzögerungen bei Kindern.

f) Stellen Sie Ihre Wandzeitungen in der Klasse aus und vergleichen Sie die Ergebnisse.

3. In der Handlungssituation wird Silke auf das Weinen eines Kindes aufmerksam, obwohl sie gerade in der Küche beschäftigt ist.
a) Überlegen Sie in Einzelarbeit, wie Silke das wohl gemacht hat.

_____

_____

_____

b) Über welche „Kanäle" bzw. Sinnesorgane ist Silke aufmerksam? Notieren Sie diese in die Abbildung.

c) Lesen Sie im **Fachbuch** das Kapitel „Fachliches Beobachten als Grundlage der sozialen Arbeit" und den Abschnitt zur „freischwebenden Aufmerksamkeit".

Fachbuch
→ S. 189

d) Bearbeiten Sie in einer Kleingruppe folgende Aufgaben:
- Finden Sie Beispiele für „freischwebendes Aufmerksam-Sein" und „zielgerichtete Wahrnehmung" in der Handlungssituation und aus Ihren Erfahrungen:

Freischwebende Aufmerksamkeit	Zielgerichtete Wahrnehmung

- Überlegen Sie, warum es für Sie wichtig ist, über „freischwebende Aufmerksamkeit" in Ihrem Arbeitsumfeld zu verfügen.

- Überlegen Sie, wie eine „fachliche Beobachtung" der Sprachentwicklung eines Kindes im Kindergarten geschehen sollte. Legen Sie hierfür Beobachtungskriterien fest und entwickeln Sie einen Beobachtungsbogen auf einem gesonderten Blatt Papier.

e) Stellen Sie Ihre Ergebnisse – insbesondere Ihren Beobachtungsbogen – in der Klasse vor. Vergleichen und diskutieren Sie Ihre Vorschläge.

Plakat
→ S. 191

Fachbuch
→ S. 212

4. Silke fragt sich, wie sie Jan helfen kann, „sich verständlicher auszudrücken".
   a) Welche Ideen haben Sie dazu? Denken Sie an Spiele, Lieder und Gedichte. Sammeln Sie diese in der Klasse auf einem **Plakat**.

   b) Recherchieren Sie in Partnerarbeit im **Fachbuch** und im Internet nach weiteren Möglichkeiten und stellen Sie eine Materialsammlung zusammen. Erarbeiten Sie dafür zunächst eine Struktur, nach der die Beschreibungen aufgebaut werden können, z. B. Einsatzmöglichkeiten, Ziele, Beschreibung/Durchführung, Material/Medien, Teilnehmerzahl, Platz für persönliche Notizen, …

Methode	Einsatzmög-lichkeit	Ziel	Beschreibung/Durchführung	Material/Medien	Teilnehmer-zahl	Notizen

   c) Stellen Sie einzelne Ideen in der Klasse vor und ergänzen Sie Ihre eigenen Aufzeichnungen.

   d) Laden Sie eine Logopädin zu einem Expertengespräch in den Unterricht ein:
   - Stellen Sie ihr Ihre Wandzeitung aus Aufgabe 2 e) und Ihre Materialsammlung aus 4 b) vor.
   - Kommen Sie mit ihr über ihr Arbeitsgebiet ins Gespräch. Überlegen Sie vorher, was Sie von ihr genau wissen möchten.
   - Befragen Sie sie zu Möglichkeiten der Unterstützung der Sprachentwicklung im Alltag und welche Aufgaben Sie als Sozialassistentin übernehmen können. Ergänzen Sie Ihre Notizen aus 2 e).

5. Luca weint, weil Jan ihn gebissen hat.
   a) Bearbeiten Sie folgende Aufgaben in einer Kleingruppe:
   - Lesen Sie in der Handlungssituation nach, wie Silke nach dem Beißen gehandelt hat, und überdenken Sie folgende Fragen:

   Was ist Silke in der Situation gut gelungen?

   _____

   _____

   _____

   Was könnte sie Ihrer Meinung nach anders machen und warum?

   _____

   _____

   _____

- Erarbeiten Sie Handlungsmöglichkeiten für Silke, wie sie auf den Streit zwischen Jan und Luca reagieren könnte. Berücksichtigen Sie hierbei die Phasen kooperativer Konfliktlösung.

Phase	Erläuterung für den Bereich Kindertagesstätte
1. Der Konflikt wird benannt, das gemeinsame Anliegen betont.	**Worum geht es?** Die Kinder werden jetzt vermutlich aufgeregt erzählen, was vorgefallen ist. Die Erzieherin sollte sich mit den Kindern daher in einen neutralen Bereich etwas abseits des Geschehens setzen.
2. Der Ist-Zustand wird beschrieben, über den konkreten Konflikt sollte Einigkeit bestehen.	**Konfliktdarstellung** Die Kinder schildern ihre Sicht des Streits. Die Erzieherin spiegelt die Aussagen der Kinder, das heißt, sie wiederholt sie und benennt die Konfliktpunkte. Jedes Kind sollte sich in seiner Darstellung des Streits verstanden fühlen.
3. Allen Beteiligten wird ermöglicht, ihre Meinung zu sagen.	**Hintergründe und Gefühle erfassen** Jetzt wird erfasst, welche Gefühle der Streit bei den Kindern ausgelöst hat, z. B. Frust, Ärger, Wut. Fühlte sich ein Kind unfair behandelt oder angegriffen? Alle Gefühle werden zugelassen und benannt. Die Erzieherin signalisiert dem Kind durch aktives Zuhören, dass es ernst genommen und verstanden wird. Das ist eine wichtige Grundlage für die Konfliktlösung.
4. Der Konflikt wird bearbeitet. Es werden mögliche Vorgehensweisen und Alternativen benannt, ein Lösungsweg ausgewählt bzw. erarbeitet.	**Lösungsmöglichkeiten sammeln** Wenn sich jedes Kind in seiner Aussage verstanden fühlt, werden die Beteiligten aufgefordert, Vorschläge zu machen, wie der Streit beendet werden kann oder wie sie weiterspielen möchten.
5. Der Erfolg des Gesprächs wird gesichert und Anerkennung ausgesprochen sowie die Verbindlichkeit betont.	**Vereinbarung** Wenn sich die Kinder geeinigt haben, kann zum Zeichen des „Sich-Vertragens" ein Ritual entwickelt werden, z. B. sich die Hand geben oder sich „abklatschen" (give me five!).

Handlungsmöglichkeiten für Silke:

b) Erproben Sie Ihre Handlungsmöglichkeiten in **Rollenspielen** in der Klasse. Sprechen Sie nach den Rollenspielen jeweils über Ihre Gedanken und Ziele anhand folgender Fragen:

Rollenspiel
→ S. 192

- Was wollte „Silke" erreichen?
- Was waren die Handlungsbedingungen?
- Wie hat „Silke" die anderen Personen eingeschätzt?
- Wie erfolgreich war „Silkes" Strategie?
- Wie haben die Mitspielenden „Silke" wahrgenommen und welche Empfindungen hat es bei ihnen ausgelöst?
- Wie haben die Beobachtenden die Spielenden wahrgenommen?

c) Notieren Sie abschließend Ihre persönlichen Konsequenzen bzw. Vorhaben zum Umgang mit Kindern in Konfliktsituationen.

Aufgaben für die Praxis

1. Befragen Sie Ihre Praxisanleiterin und Ihre Kolleginnen, inwieweit sie Lieder, Spiele und Gedichte zur Förderung der Sprachentwicklung im Kindergartenalltag einsetzen. Besprechen Sie mit Ihrer Praxisanleiterin, welche Angebote Sie erproben dürfen. Berichten Sie über Ihre Erfahrungen dabei im nächsten Schulblock.

2. Kommen Sie mit Ihrer Praxisanleiterin über folgende Fragen ins Gespräch:
   - Welche Methoden und Instrumente zur fachlichen Beobachtung der Sprachentwicklung werden in Ihrer Einrichtung eingesetzt?
   - Wie wird die Sprachentwicklung eines Kindes dokumentiert?
   - Wie oft wird die Sprachentwicklung gezielt beobachtet?
   - Welche Schritte werden unternommen, wenn Sprachschwierigkeiten festgestellt werden?
   - Welche Aufgaben zur Sprachförderungen der Kinder können von Ihnen als Sozialassistentin übernommen werden?

3. Beobachten Sie das Sprach- und Sprechverhalten von 5-jährigen Kindern in einer Kindergartengruppe und notieren Sie Auffälligkeiten. Kommen Sie mit Ihrer Praxisanleiterin über Ihre Beobachtungen ins Gespräch.

4. Nehmen Sie, wenn möglich, an einer gezielten Fördermaßnahme eines Kindes mit Sprachstörungen oder Sprachentwicklungsverzögerungen teil und besprechen Sie anschließend Ihre Beobachtungen und Eindrücke mit Ihrer Praxisanleiterin.

5. Bringen Sie sich in einer Konfliktsituation zwischen zwei Kindern aktiv als Streitschlichterin ein und versuchen Sie, den Streit nach den „Phasen kooperativer Konfliktlösung" zu beenden.

Literaturtipps

Ministerium für Frauen, Jugend, Familien und Gesundheit des Landes Nordrhein-Westfalen (Hrsg.): Wer spricht mit mir? Gezielte Sprachförderung für Kinder mit Migrationshintergrund. Düsseldorf 2001

Ministerium für Frauen, Jugend, Familien und Gesundheit des Landes Nordrhein-Westfalen (Hrsg.): Wie Kinder sprechen lernen. Entwicklung und Förderung der Sprache im Elementarbereich. Düsseldorf 2001

Mondschein, Maria: Die 50 besten Spiele zur Sprachförderung. München: Don Bosco Verlag 2008

Prang, Charlotte: Mediation im Kindergartenalltag. Eine Methode der konstruktiven Konfliktlösung. In: Kindergarten heute. Heft 4/2001, S. 18–25

Umgang mit verhaltensauffälligen Kindern

ADHS

Beobachtung

- Sie sind für Verhaltensweisen von Kindern mit dem Verdacht auf ein Aufmerk-samkeits-Defizit-Hyperaktivitäts-Syndrom (ADHS) und den möglichen Auswirkungen auf das Umfeld sensibilisiert. Sie gehen situativ angemessen auf die Kinder ein und gestalten das Umfeld entsprechend mit.
- Sie beobachten das Verhalten von Kindern mit dem Verdacht auf ADHS aufmerksam und vermeiden vorschnelle Deutungen. Sie sind für das Erleben der Kinder sensibilisiert.
- Sie bringen Ihre Beobachtungen mit Kindern, bei denen ADHS vermutet wird, in den Austausch zwischen Eltern und Erzieherinnen ein.

„Das nervt mich total!"

Mirja berichtet:

„In meinem Praktikum in der Kita lernte ich den fünfjährigen David kennen. Der nervt mich total! Ständig räume ich ihm hinterher, weil er alle fünf Minuten etwas anderes spielen will. Erst kippt er alle Bauklötze aus, dann stürmt er wieder zum Kaufmannsladen und räumt jedes Schubfach leer. Das nervt natürlich auch die anderen Kinder, die da gerade spielen. Wenn wir Spaziergänge machen, muss eine Erzieherin fast die ganze Zeit auf ihn aufpassen – er ist einfach unberechenbar – eben hyperaktiv. Andererseits hat er total viel Fantasie und malt die tollsten Raumschiffe. Er hat auch einen unglaublichen Gerechtigkeitssinn. Wenn es z. B. Pudding zum Nachtisch gibt, achtet er darauf, dass alle gleich viel bekommen. Die Erzieherinnen vermuten, dass er ADHS hat, und haben auch schon mit den Eltern darüber gesprochen. Nun merke ich, dass ich gar nicht genau weiß, was das eigentlich ist und wie ich auf David eingehen soll."

Arbeitsaufträge

1. Mirja sagt in der Handlungssituation, dass der fünfjährige David sie und die anderen spielenden Kinder „total nervt".

   a) Notieren Sie in Einzelarbeit mögliche Gedanken und Gefühle der beteiligten Personen in die Abbildung. Stellen Sie für „David" Überlegungen darüber an, warum er sich so verhält.

   b) Finden Sie anhand von Mirjas Äußerungen in der Handlungssituation heraus, was sie genau „total nervt". Ergänzen Sie dies in der Abbildung von a).

   c) Vergleichen Sie in einer Kleingruppe Ihre Ergebnisse. Tauschen Sie sich über die unterschiedlichen Sichtweisen aus, warum sich David so verhält.

   d) Diskutieren Sie in der Klasse überraschende Ergebnisse aus dem Austausch in den Kleingruppen. Überlegen Sie gemeinsam, welche Auswirkungen Ihre Deutungen über Davids Verhalten auf Ihren Umgang mit ihm haben könnten. Notieren Sie diese Auswirkungen.

   Mögliche Auswirkungen der Deutungen über Davids Verhalten auf den Umgang mit ihm:

   _____

   _____

   _____

   _____

   _____

   _____

2. Die Erzieherinnen vermuten, dass David ADHS hat. Mirja weiß nicht genau, was das ist. Sie sagt, er sei „hyperaktiv".
   a) Bearbeiten Sie in Partnerarbeit folgende Fragen und Aufgaben:
   - Sammeln Sie als **Brainstorming** auf einem **Plakat**, was Ihnen zu ADHS einfällt und was Sie damit in Verbindung bringen.
   - Was genau verstehen Sie unter „hyperaktiv"? Ergänzen Sie folgende Sätze.

Brainstorming
→ S. 187
Plakat
→ S. 191

Hyperaktiv bedeutet für mich ...

Ein hyperaktives Kind ist ...

- Was erzählt Mirja über Davids Verhalten? Markieren Sie alle Aspekte in der Handlungssituation.

Fachbuch
→ S. 144
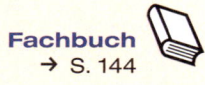

- Informieren Sie sich im **Fachbuch** und im Internet über die drei Leitsymptome von ADHS (Aufmerksamkeitsdefizit, Impulsivität, Hyperaktivität). Notieren Sie Ihre Ergebnisse in die Abbildung.

Aufmerksamkeitsdefizit	Impulsivität	Hyperaktivität

Auswirkungen auf das Umfeld: Auswirkungen auf das Umfeld: Auswirkungen auf das Umfeld:

- Ordnen Sie nun die unterstrichenen Verhaltensaspekte, über die Mirja bei David berichtet, diesen drei Leitsymptomen zu.
- Finden Sie – wenn möglich – für jedes Leitsymptom weitere Beispiele aus Ihren Erfahrungen. Achten Sie darauf, dass Sie jeweils „positive" und „problematische" Verhaltensweisen benennen. Notieren Sie die Verhaltensbeispiele in die obige Abbildung. (Zu „positiven" Verhaltensbeispielen können Sie auch ein Kapitel aus „Michel aus Lönneberga" von Astrid Lindgren lesen.)
- Sammeln Sie zu allen von Ihnen notierten Verhaltensweisen, welche Auswirkungen diese auf das Umfeld haben können. Notieren Sie die Auswirkungen in die obige Abbildung.

b) Tauschen Sie sich in der Klasse über Ihre Ergebnisse aus. Tauschen Sie sich auch über eigene Erfahrungen mit ADHS-Kindern aus und erzählen Sie, welche Auswirkungen das Verhalten des Kindes auf das Umfeld hatte.

c) Diskutieren Sie darüber, ob die Informationen aus der Handlungssituation den Verdacht auf ADHS bei David ausreichend begründen.

3. Mirja erzählt, dass die Erzieherinnen auch schon mit den Eltern gesprochen haben.

   a) Bearbeiten Sie folgende Aufgaben in einer Kleingruppe:
   - Sammeln Sie Themen, über die die Erzieherinnen vermutlich mit den Eltern gesprochen haben und wie sie das getan haben.

   ___

   So haben wir das Gespräch geführt ...

   ___

   - Stellen Sie sich die Eltern vor. Wie haben sie vermutlich reagiert? Was würden Sie sich von den Erzieherinnen wünschen? Notieren Sie Ihre Überlegungen.
   - Was können die Eltern im Anschluss an das Gespräch tun? Recherchieren Sie dazu im Internet und suchen Sie entsprechende Beratungsstellen auf.
   - Gestalten Sie ein Informationsblatt, auf dem Sie den Prozess der Diagnosestellung von ADHS-Kindern sowie mögliche Anlaufstellen und Kontaktadressen in Ihrem Umfeld zusammenfassen.

   b) Stellen Sie Ihre Informationsblätter in der Klasse vor und ergänzen Sie sie, wenn nötig.

4. Mirja weiß nicht genau, wie sie auf David eingehen soll.

   a) Sammeln Sie in der Klasse vor dem Hintergrund Ihrer gewonnenen Erkenntnisse konkrete Vorschläge dafür, wie Mirja mit David umgehen könnte. Orientieren Sie sich dabei an den Situationen, die sie erzählt.

	David kippt alle Bauklötze aus.	**David räumt jedes Schubfach leer.**	**David ist bei Spaziergängen unberechenbar.**
In dieser Situation könnte ich…			

   b) Überlegen Sie darüber hinaus, wie sich David in verschiedenen Situationen im Kindergartenalltag (wie z. B. Mittagessen, Morgenkreis, Sportstunde, Basteln, Spaziergang etc.) verhalten könnte.

c) Lesen Sie folgenden Text.

---

10 Regeln im Umgang mit ADHS-Kindern

1. Dem Kind deutlich machen, welches Verhalten von ihm erwartet wird. Dabei muss der Erwachsene freundlich, einschätzbar und fest im Ton bleiben. Lieber kein Versprechen geben, das man nicht einhalten kann.

2. Ankündigungen, welche Dinge genau zu erledigen sind. Dabei nicht diskutieren oder moralisieren. Erstmal etwas Zeit geben und gegebenenfalls in knappen Sätzen wiederholen oder das Kind kurz berühren, um seine Aufmerksamkeit wiederzubekommen.

3. Immer eingestellt sein auf Widerstand und auch Motzerei. Darauf dann nicht eingehen und nicht persönlich nehmen. Das Kind meint oft nur die Rolle, die das Gegenüber spielt, nicht die Person.

4. Wenn es schwierig wird, dem Kind nicht in die Augen schauen, sondern den Blickkontakt meiden und die Stimme senken. Kinder mit ADHS orientieren sich blitzschnell an Mimik, Gestik und Tonfall und reagieren mit Konfrontation und Abwehrverhalten.

5. Klare Regeln und deutliche Strukturen – manchmal auch Regelpläne oder Belohnung, aber auch negative Konsequenzen helfen, den Alltag zu bewältigen. Regeln müssen ausreichend eingeübt werden.

6. Immer nachprüfen, ob das Verlangen auch tatsächlich erledigt wurde. Bei Problemen nicht streng reagieren, sondern liebevoll und dennoch stur darauf bestehen. Das Kind nicht auflaufen lassen.

7. Kindern Rückmeldungen über ihr Verhalten geben. Es lohnt sich immer wieder zu loben. Nicht nur das Ergebnis zählt, sondern auch die Anstrengung, etwas richtig gemacht zu haben. Lob und negative Konsequenzen sollten nie zu extrem sein.

8. Immer eine Sache zurzeit korrigieren. Nicht alte Fehler aufzählen oder an Kleinigkeiten herummeckern. Lautwerden muss manchmal sein, aber vermeiden Sie Vorwürfe wie „Nie tust du das, was ich will".

9. Hektik und plötzliche Änderungen im Alltagsablauf möglichst vermeiden, sonst bockt das Kind. Der Wechsel aus einer gewohnten Situation sollte in Ruhe vorher angekündigt werden. Vom Kind Selbstständigkeit nicht zu früh einfordern, weil es sich langsamer entwickelt als andere.

10. In Grundsatzgesprächen immer erst etwas Positives vor Negativem nennen. Nicht weitschweifig erklären, sonst gibt es Abwehr.

Aus Cordula Neuhaus: „Das hyperaktive Kind und seine Probleme", Urania Verlag 2002

---

d) Überprüfen Sie, ob Ihre Vorschläge aus a) diesen Regeln entsprechen. Korrigieren Sie sie gegebenenfalls.

e) Entwerfen Sie in Anlehnung an die Regeln Umgangsweisen für die Situationen mit David, die Sie in b) gesammelt haben. Bedenken Sie auch Situationen, in denen diese Kinder besondere Betreuung benötigen.

Rollenspiel
→ S. 192

f) Spielen Sie nun einige Szenen in **Rollenspielen** nach und erproben Sie Ihre Umgangsweisen. Verteilen Sie die Rollen „David", „Mirja" und „Erzieherin". Werten Sie jedes Rollenspiel anhand folgender Fragen aus:

- Wie haben Sie sich als „David" gefühlt?
- Wie haben Sie sich als „Mirja" gefühlt?
- Wie haben Sie sich als „Erzieherin" gefühlt?
- Welches Verhalten des Gegenübers war jeweils eher förderlich oder eher hinderlich für das Miteinander?
- Was haben wir als Beobachtende bemerkt?

1. a) Erkunden Sie: Gibt es in Ihrer Einrichtung Kinder, bei denen der Verdacht auf ADHS besteht oder bei denen die Diagnose bereits gestellt wurde? Beobachten Sie diese Kinder unter folgenden Aspekten:

   - Wie verhalten sich die Kinder in der Gruppe und wie, wenn sie alleine sind?
   - In welchen Situationen zeigt das Kind ein problematisches Verhalten?
   - Welcher äußere Umstand hat vermutlich dieses Verhalten ausgelöst?
   - Wie gehen die anderen Kinder mit dem Kind um?
   - Welche weiteren Verhaltensweisen entdecken Sie an diesem Kind?
   - Welche Verhaltensweisen Ihrerseits führen zu einem guten Miteinander, welche eher zu problematischen Situationen?

   b) Kommen Sie mit Ihrer Praxisanleiterin über Ihre Beobachtungen ins Gespräch. Fragen Sie sie nach „Regeln" zum Umgang mit den Kindern.

2. Erkundigen Sie sich, ob es in Ihrem Bekannten- und Verwandtenkreis Personen gibt, bei denen in der Kindheit ADHS diagnostiziert wurde. Sprechen Sie mit ihnen über folgende Fragen:

   - Wie hast du die Zeit erlebt?
   - Wie bist du mit der Diagnose ADHS umgegangen?
   - Welche Probleme mit Autoritäten hattest du?
   - Inwieweit hast du dich manchmal missverstanden gefühlt?
   - Welches Verhalten von anderen hat dir geholfen?
   - Welche therapeutische Begleitung hast du erfahren? Wie war das?

   Notieren Sie Ihre Ergebnisse und bringen Sie diese in die Schule mit.

3. Kommen Sie mit Eltern von ADHS-Kindern ins Gespräch und fragen Sie sie, welche Aspekte ihnen bei der Erziehung ihres Kindes besonders wichtig sind bzw. mit welchem Erziehungsstil sie ihr Kind am besten „erreichen".

Aufgaben für die Praxis

Literaturtipps

www.adhs.de

www.adhs-deutschland.de

Lindgren, A.; Berg, B.; Peters, P. P.: Immer dieser Michel. Oettinger Verlag 1988

Neuhaus, C.: Das hyperaktive Kind und seine Probleme. Freiburg: Urania 2008

Neuhaus, C.: Hyperaktive Jugendliche und ihre Probleme: Erwachsen werden mit ADS. Was Eltern tun können (7. Auflage). Freiburg: Urania 2007

Themenschwerpunkte

Rituale und Regeln

Mittagschlaf

Umgang mit individuellen Bedürfnissen von Kindern

Kompetenzen

- Sie sind für die Bedeutung von Ritualen in der Kindertagestätte sensibilisiert und wirken an der Ausgestaltung der Rituale mit.
- Sie sind für individuelle Bedürfnisse von Kindern sensibilisiert.
- Sie wägen in Situationen, in denen Kinder Regeln verletzen, ab, wann und wie Sie Grenzen setzen bzw. Kompromisse eingehen.
- Sie überdenken Ihr eigenes Handeln und ziehen Konsequenzen für Ihren Lernprozess.

Handlungssituation

„Das Mädchen schlief generell nicht so viel"

Christopher erzählt aus seinem Praktikum in der Kindertagesstätte:

„Als Praktikant musste ich die Aufgabe übernehmen, dafür zu sorgen, dass die Kinder ihre Mittagsruhe einhalten. Kein Problem, so dachte ich, aber es war dann doch nicht so leicht. Alle Kinder gingen wie gewohnt nach dem Mittagessen und einer Kurzgeschichte auf ihre Matratze und kamen langsam zur Ruhe. Ich war selbst total müde vom gedämpften Licht im Raum sowie durch das gleichmäßige Atmen der Kleinen. Ein Mädchen meinte aber auf Wanderschaft gehen zu müssen. Sie spazierte leise und bedächtig durch das Zimmer, stieg über die anderen hinweg und suchte sich im Bücherregal ein Tierbuch aus. Zuerst tat ich so, als würde ich selbst auf meinem Stuhl schlafen und nichts mitbekommen. Sie nahm das Buch und ging wieder zu ihrer Matratze.

Ich ließ sie das Buch anschauen, denn sie war ruhig und störte die anderen nicht. Man muss dazu sagen, das Mädchen schlief generell nicht so viel.

Aber plötzlich war ihr das Buch zu langweilig und sie machte sich wieder auf den Weg. Ich tat die Augen auf und sah sie an. Sie grinste und kam einen Schritt auf mich zu, um zu sehen, ob ich wach bin oder schlafe. Ich wies sie darauf hin, dass sie bitte leise sein soll, denn sie würde die anderen Kinder sonst stören. Da wurden die anderen auch langsam wach und schauten sich um. ‚Christopher', rief ein Kind nach dem anderen. Sie standen auf und wollten auf einmal alle Bücher lesen oder spielen. Ich versuchte ca. 15 Minuten, sie davon zu überzeugen, dass sie schlafen müssen und dass sie das bitte auch tun sollen. Dennoch endete es damit, dass jedes Kind mit einem Buch oder Spielzeug auf seiner Matratze lag. Ich dachte: Okay, morgen passiert mir das nicht noch einmal."

1. Christopher resümiert: „Ich dachte: Okay, morgen passiert mir das nicht noch einmal."

   Notieren Sie in Einzelarbeit, was Christopher hier vermutlich meint. Was könnte er anders gestalten? Tragen Sie seine vermutlichen Gedanken und Gefühle und Ihre Ideen in die Sprechblasen ein.

2. Christopher erzählt: „Ein Mädchen meinte während der Mittagsruhe ständig auf Wanderschaft gehen zu müssen."

   a) Notieren Sie in Einzelarbeit alle Informationen zum Verhalten des Mädchens aus der Handlungssituation in die Abbildung.

b) Sammeln Sie in der Klasse mögliche Gründe des Mädchens, während der Mittagsruhe umherzulaufen, in der Abbildung. Überlegen Sie jeweils, auf welches Bedürfnis des Mädchens die Gründe vermutlich zurückzuführen sind. Notieren Sie diese jeweils hinter den Grund.

Grund für das Umherlaufen:

_____

_____

_____

Bedürfnis:

_____

_____

_____

Grund für das Umherlaufen:

_____

_____

_____

Bedürfnis:

_____

_____

_____

Grund für das Umherlaufen:

_____

_____

Bedürfnis:

_____

_____

_____

Grund für das Umherlaufen:

_____

_____

Bedürfnis:

_____

_____

_____

c) Tauschen Sie sich in der Klasse darüber aus, wie mit Bedürfnissen von Kindern in Ihren Praktikumseinrichtungen umgegangen wird.

3. Christopher sollte dafür sorgen, dass die Kinder ihre Mittagsruhe einhalten.
   a) Sammeln Sie in der Klasse das Für und Wider im Hinblick auf Mittagsschlaf und führen Sie eine **Pro-und-Kontra-Diskussion**.

Pro-und-Kontra-Diskussion
→ S. 191

b) Bearbeiten Sie folgende Aufgaben in Partnerarbeit:
- Sammeln Sie aus der Handlungssituation, welche Rituale und Regeln es in der Kindertagesstätte von Christopher zur Mittagsruhe gibt. Notieren Sie diese in die erste Spalte der Tabelle.

Rituale	Wie habe ich diese erlebt?	Sinn der Rituale
Geschichte vorlesen		

Regeln	Wie habe ich diese erlebt?	Sinn der Regeln
liegen bleiben müssen		

- Ergänzen Sie weitere Rituale und Regeln im Zusammenhang mit dem Mittagsschlaf.
- Notieren Sie in die zweite Spalte der Tabelle, wie Sie diese Rituale und Regeln zum Mittagsschlaf erlebt haben. Wenn Sie mögen, unterscheiden Sie dabei das Erleben an verschiedenen Orten – z. B. zu Hause in Ihrer Familie, in Ihrer eigenen Zeit im Kindergarten oder als Praktikantin.
- Notieren Sie in die dritte Spalte der Tabelle, welchen Sinn die Rituale und Regeln aus Ihrer Sicht haben.

c) Tauschen Sie sich in der Klasse über Ihre Ergebnisse aus und ergänzen Sie Ihre Tabelle.

4. Christopher versuchte, die Kinder davon zu überzeugen, dass sie schlafen müssen.
   a) Wie hat Christopher vermutlich argumentiert, um die Kinder zu überzeugen? Sammeln Sie in der Klasse die vermutlichen Argumente Christophers.

   b) Tragen Sie die Argumente an der Tafel zusammen und überdenken Sie, welche Sie überzeugend finden und teilen können und welche nicht.

   c) Überlegen Sie in Einzelarbeit, wann Sie an Stelle von Christopher eingeschritten wären. Was hätten Sie genau getan? Notieren Sie Ihre Überlegungen in die Tabelle.

Mädchen steht zum ersten Mal auf	Mädchen steht zum zweiten Mal auf	Mädchen kommt zum Praktikanten	Alle Kinder stehen auf

Rollenspiel
→ S. 192

   d) Bereiten Sie in Kleingruppen **Rollenspiele** mit verschiedenen Handlungsmöglichkeiten für diese Szenen der Handlungssituation vor. Sie können Handlungsmöglichkeiten darstellen, die Sie erlebt haben, die Sie angemessen oder unangemessen finden. Verteilen Sie jeweils die Rollen: Christopher, Mädchen, zwei bis drei weitere Kinder.

e) Spielen Sie die Szenen in der Klasse und werten Sie die Rollenspiele jeweils anhand folgender Fragen aus:

- Christopher: Wie haben Sie sich in der Rolle von Christopher gefühlt? Was wollten Sie erreichen? Was waren die Rahmenbedingungen Ihres Handelns? Wie erfolgreich waren Ihre Strategien?

- Mädchen: Wie haben Sie sich in der Rolle des Mädchens gefühlt? Wie haben Sie die Reaktionen von Christopher erlebt? Was wollten Sie erreichen? Wie erfolgreich waren Ihre Strategien? Wurden Sie ernst genommen? Wurden Ihnen Konsequenzen aufgezeigt?

- Kinder: Wie haben Sie die Situation wahrgenommen? Wie haben Sie die Reaktionen von Christopher erlebt? Was denken Sie über das Mädchen? Wurden Ihnen Konsequenzen aufgezeigt?

- Beobachtende: Wie haben Sie die Situation wahrgenommen? Wie haben Sie die Reaktionen von Christopher erlebt, wie die des Mädchens und der anderen Kinder? Wurden den Kindern Konsequenzen aufgezeigt? Welche Wirkung des Aufzeigens der Konsequenzen haben Sie beobachtet?

f) Leiten Sie aus Ihrer Auswertung Merksätze zum Grenzensetzen und Kompromisseeingehen ab. Notieren Sie diese auf ein **Plakat**.

Plakat
→ S. 191

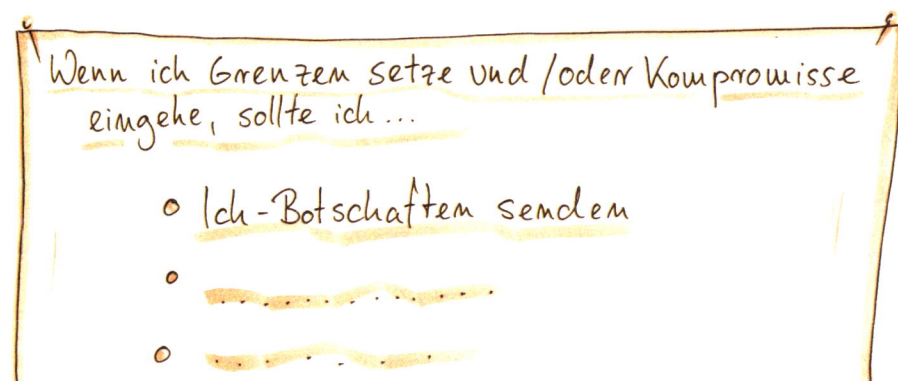

Wenn ich Grenzen setze und/oder Kompromisse eingehe, sollte ich ...

○ Ich-Botschaften senden

○ ....

○ ....

5. Christopher ist offensichtlich nicht ganz zufrieden mit seiner Reaktion, denn er möchte nicht, dass es ihm nochmal so passiert.

a) Tauschen Sie sich in der Klasse über folgende Fragen aus:

- Was macht Christophers Unzufriedenheit vermutlich aus?
- Welche Situationen haben Sie selbst schon erlebt, in der Sie unzufrieden mit sich waren? Womit genau waren Sie unzufrieden?
- Welche Bedingungen haben zu dieser Situation und Ihrer Reaktion geführt?
- Welche Konsequenzen haben Sie daraus gezogen?
- Welche Folgen hatte das Erlebnis für Ihr weiteres Handeln?

Leiten Sie ab, welche Bedeutung das Überdenken des eigenen Handels hat, und notieren Sie Ihre Überlegungen.

_____

_____

_____

b) Lesen Sie noch einmal, was Sie bei Aufgabe 1 notiert haben. Welchen Tipp würden Sie Christopher jetzt geben?

Aufgaben für die Praxis

1. Nehmen Sie aufmerksam wahr, welche Rituale und Regeln es in Ihrer Einrichtung im Zusammenhang mit dem Mittagsschlaf gibt. Ergänzen Sie ggf. Ihre Tabelle in Aufgabe 2.

2. Beobachten Sie drei Kinder im Praktikum in Bezug auf ihr Schlafverhalten. Sprechen Sie auch mit den Eltern über die häuslichen Schlafenszeiten und Schlafrituale dieser Kinder. Fertigen Sie ein Beobachtungsprotokoll an und kommen Sie mit Ihrer Praxisanleiterin darüber ins Gespräch, wie auf die Bedürfnisse der Kinder eingegangen werden kann.

3. Beobachten Sie Ihre Praxisanleiterin bzw. sprechen Sie mit ihr darüber, wie sie Grenzen setzt bzw. Kompromisse eingeht, wenn Kinder Regeln verletzen.

Anders sein

Unterstützung der Lebensaktivitäten von Kindern mit Behinderungen

Einsatzort Schule mit Förderschwerpunkt

- Sie gehen offen in ein Praktikum, in dem sie Kindern mit Behinderungen begegnen.
- Sie nehmen verbale und nonverbale Äußerungen von Kindern mit Behinderungen – z. B. den Ausdruck von Lebensfreude – aufmerksam wahr.
- Sie überdenken Ihre eigenen Gefühle zum Leben mit Behinderungen und Ihre Vorstellungen zum Gesundsein.
- Sie sind für das Anderssein und für die Lebenssituation von Kindern mit Behinderungen sensibilisiert und treten zu den Kindern und ihren Eltern aktiv in Kontakt.
- Ihnen sind Möglichkeiten der Unterstützung der Lebensaktivitäten von Kindern mit Behinderungen bewusst.

„Sie ruckt immer nur mit ihrem Kopf hin und her"

Vanessa erzählt:

„Zurzeit mache ich ein Praktikum in einer Schule für Kinder mit Mehrfachbehinderungen. Erst wollte ich da gar nicht hin, aber jetzt finde ich es eigentlich doch ganz interessant.

Dort lernte ich Christina kennen. Sie ist zwölf und sitzt im Rollstuhl. Ihre Mutter bringt sie jeden Morgen zu uns, weil sie gleich um die Ecke wohnt. Ich weiß nicht, was Christina eigentlich so mitbekommt. Sie ruckt immer nur mit ihrem Kopf hin und her und gibt irgendwelche Laute von sich. Ich staune immer, wenn die Lehrerin zu Christina so was sagt, wie: ‚Aha – das hat dir Spaß gemacht.' Wie sieht sie das nur?

Gestern habe ich mit der Mutter ein paar Worte gewechselt. Ich wollte wissen, wie das mit Christina zu Hause so geht. Da hat sie mich eingeladen mitzukommen. Ist schon Wahnsinn, wie die Wohnung ausgestattet ist – Lifter für die Treppe, Hightech-Bett usw. Ich traute mich dann, die Mutter zu fragen, ob sie sich nicht wünschen würde, dass Christina gesund ist. Sie sagte: ‚Christina ist eben anders und ich möchte sie nicht missen. Sie hat so viel Lebensfreude!' So ganz verstehen konnte ich das nicht, aber beeindruckt hat es mich auch irgendwie."

Arbeitsaufträge

1. a) Tauschen Sie sich in Kleingruppen über Ihre Gedanken und Gefühle aus. Wählen Sie die am häufigsten genannten aus und tragen Sie diese in folgende Abbildung ein:

Ich denke ...

Ich fühle ...

b) Vanessa erzählt, dass sie erst gar nicht in die Schule für Kinder mit Mehrfach-behinderungen wollte. Tauschen Sie sich in der Klasse über folgende Fragen aus:

• Welche Gründe könnte Vanessa dafür haben?
• Welche Gedanken und Gefühle hatten Sie vor einem ähnlichen Praktikum bzw. hätten Sie?
• Falls Sie bereits ein ähnliches Praktikum absolviert haben: Mit welchen Vor-stellungen sind Sie in das Praktikum gegangen? Welche Erfahrungen haben Sie dort gemacht? Was war überraschend? Womit hätten Sie nicht gerechnet? In welcher Hinsicht haben sich Ihre Vorstellungen bestätigt? Notieren Sie Ihre Erfahrungen.

Meine Vorstellungen VOR dem Praktikum	Meine Erfahrungen IM Praktikum

Das hat mich überrascht	Damit habe ich nicht gerechnet	Bestätigt hat sich....

2. Vanessa sagt: „Ich weiß nicht, was Christina eigentlich so mitbekommt. Sie ruckt immer nur mit ihrem Kopf hin und her und gibt irgendwelche Laute von sich…"
    a) Bearbeiten Sie folgende Aufgaben in Partnerarbeit:
    - Was erfahren Sie über Christina in der Handlungssituation? Tragen Sie alles in die erste Spalte der Tabelle ein.

Was wir aus der Handlungssituation erfahren…	Erklärungen, die wir vermuten…	So erlebt Christina vermutlich die Welt…	Das steht dazu im Fachbuch oder im Internet…	Folgende Fragen haben wir…

- Wie erklären Sie sich die Beobachtungen, die Vanessa an Christina macht? Notieren Sie Ihre Vermutungen in die zweite Spalte der Tabelle.
- Überlegen Sie, wie Christina vermutlich die Welt erlebt. Führen Sie dazu, wenn möglich, auch eine Rollstuhlfahrt durch die Stadt durch. Schreiben Sie Ihr Erleben in der Ich-Form in die dritte Spalte der Tabelle.
- Recherchieren Sie im Fachbuch und im Internet zu den Beobachtungen, über die Vanessa berichtet. Notieren Sie Erklärungsansätze in die vierte Spalte der Tabelle.
- Notieren Sie offene Fragen in die fünfte Spalte der Tabelle.

- b) Laden Sie eine Expertin in die Klasse ein, präsentieren Sie Ihre Ergebnisse und klären Sie mit ihr die offenen Fragen.

3. Vanessa sagt: „Ich staune immer, wenn die Lehrerin zu Christina so was sagt wie: Aha – das hat dir Spaß gemacht. Wie sieht sie das nur?"

   a) Sammeln Sie in Kleingruppen, woran die Lehrerin das vermutlich beobachtet, und notieren Sie die Ergebnisse in folgende Abbildung:

   b) Notieren Sie in Partnerarbeit Fähigkeiten und Eigenschaften, die Sie haben müssen, um detailliert zu beobachten (z. B. Geduld). Überlegen Sie auch, was beim Beobachten störend bzw. förderlich wirken kann.

Fähigkeiten und Eigenschaften, die ich brauche, um detailliert beobachten zu können	Störend kann sein...	Förderlich kann sein...

   c) Tragen Sie die Ergebnisse in der Klasse zusammen und ergänzen Sie Ihre Aufzeichnungen.

4. Vanessa sagt: „Ich traute mich dann, die Mutter zu fragen, ob sie sich nicht wün-
    schen würde, dass Christina gesund ist."

    a) Tauschen Sie sich in Partnerarbeit darüber aus, was Vanessa vermutlich mit
       „gesund" verbindet?

    b) Führen Sie in der Klasse mittels der **4-Ecken-Methode** eine Diskussion zum
       Gesundheitsbegriff. Sie benötigen dazu 4 möglichst verschiedene Definitionen
       von „Gesundheit". Lassen Sie sich diese von Ihrer Lehrerin geben.

4-Ecken-Methode
→ S. 187

    c) Diskutieren Sie in der Klasse, inwieweit Menschen mit Behinderungen in die
       jeweilige Definition ein- bzw. aus ihr ausgeschlossen sind – also ob jemand mit
       einer Behinderung „gesund" sein kann.

    d) Lesen Sie in Einzelarbeit im **Fachbuch** das Kapitel zum Gesundheitsbegriff.

Fachbuch
→ S. 334

    e) Notieren Sie Ihre persönliche Gesundheitsdefinition in Einzelarbeit.

Gesundheit ist für mich ...

5. Vanessa berichtet, dass Christinas Mutter sagte: „Christina ist eben anders und ich
    möchte sie nicht missen. Sie hat so viel Lebensfreude!" Vanessa konnte das nicht
    „ganz verstehen", war aber „irgendwie beeindruckt".

    a) Tauschen Sie sich in der Klasse über die Passage der Handlungssituation an-
       hand folgender Fragen aus:

    • Was lösen die Worte der Mutter bei Ihnen aus?

    • Woran erkennt die Mutter die Lebensfreude ihrer Tochter vermutlich?

    • Können Sie die Mutter verstehen?

    • Warum ist Vanessa „irgendwie beeindruckt"?

    b) Tauschen Sie sich weiter über eigene Erfahrungen mit Kindern, die anders
       sind, aus und auch darüber, was Ihnen die Eltern über ihre Kinder erzählt ha-
       ben.

6. Vanessa erzählt, wie die Wohnung von Christina und ihrer Mutter ausgestattet ist – „Lifter für die Treppe, Hightech-Bett usw.“.

a) Bearbeiten Sie in Kleingruppen folgende Aufgaben:

- Tauschen Sie sich darüber aus, warum diese Ausstattung in der Wohnung von Christina und ihrer Mutter nötig ist.
- Informieren Sie sich über die „Aktivitäten des täglichen Lebens“ (ATLs).
- Stellen Sie sich Christina in der Schule vor und bearbeiten Sie folgende Tabelle.

Welche Unterstützung bei den ATLs benötigt Christina in der Schule vermutlich?	Welche Unterstützung können/ dürfen Sie leisten?	Welche Hilfsmittel gibt es dafür in der Schule?

- Stellen Sie sich Christina zu Hause vor und bearbeiten Sie folgende Tabelle.

Welche Unterstützung bei den ATLs benötigt Christina zu Hause vermutlich?	Welche Unterstützung leisten die Bezugspersonen? Welche Unterstützung kann Christina noch erhalten?	Welche Hilfsmittel gibt es dafür zu Hause?

b) Laden Sie eine Heilerziehungspflegerin und eine Angehörige ein und befragen Sie sie dazu,

- wie Kinder mit Behinderungen in ihren ATLs in der Schule und zu Hause zurechtkommen,
- wer Unterstützung in welcher Form leistet,
- über welche Hilfsmittel die jeweiligen Lebensorte verfügen und
- welche weiteren Hilfsmittel sie sich wünschen.
- Ergänzen Sie Ihre Aufzeichnungen.

7. a) Schreiben Sie abschließend in Einzelarbeit einen Brief an Vanessa.

b) Lesen Sie einige Briefe in der Klasse vor oder hängen Sie sie aus.

Liebe Vanessa ...

Aufgaben für die Praxis

1. Beobachten Sie in Ihrer Praktikumseinrichtung zwei Kinder mit Behinderungen aufmerksam über einen ganzen Tag. Schreiben Sie einen Bericht über Ihre Beobachtungen. Folgende Fragen können Ihnen dabei helfen:
   - Wie konnten sich die Kinder mitteilen und sich bewegen?
   - In wie weit haben Sie die Äußerungen der Kinder verstanden?
   - Wie wurden die Kinder bei den ATLs unterstützt?
   - Wie wurden Sie in den Schulalltag integriert?
   - Welche Unterstützung konnten Sie geben? Welche Reaktionen der Kinder haben Sie beobachtet?

2. Erkunden Sie, welche Hilfsmittel der Praxiseinrichtung zur Verfügung stehen. Befragen Sie dazu die Praxisanleiterin, fotografieren Sie zum Beispiel auch Hilfsmittel und stellen Sie eine Übersicht zusammen, die Sie in die Schule mitbringen.

3. Kommen Sie mit Eltern von Kindern mit Behinderungen ins Gespräch. Befragen Sie sie z. B. über Hilfsmittel und den Lebensalltag zu Hause, auf Reisen oder über schöne Erlebnisse des Kindes.

Literaturtipps

Brederlow, Gerd: Bobby, Herr Bredi und Mister Herr Bendel.
Die Geschichte meines Bruders. Piper-Verlag 2002

Geppert, Roswitha: Die Last, die du nicht trägst. Buchverlag für die Frau 2007

Achilles, Ilse, Schliehe, Karin: „Meine Schwester ist behindert" Bundesvereinigung Lebenshilfe für Menschen mit geistiger Behinderung 1993

Härtling, Peter: Das war der Hirbel: Wie der Hirbel ins Heim kam, warum er anders ist als andere und ob ihm zu helfen ist. Beltz 2002

Film: Kai Wessel: Mein Bruder, der Idiot, 1999

Tod und Sterben

Trauer

Umgang mit Stimmungsveränderungen bei Kindern

- Sie sind für die Vorstellungen von Kindern über Tod und Sterben sensibilisiert und unterstützen sie einfühlsam in ihrer Trauer und Verarbeitung.
- Sie nehmen Ihre eigenen Gefühle im Zusammenhang mit Tod und Sterben ernst und unterscheiden zwischen eigenen Gefühlen und denjenigen Ihres Gegenübers.
- Sie nehmen Stimmungsveränderungen von Kindern aufmerksam wahr und richten Ihr Handeln daran aus.

„Dieser Engel ist mein Papa"

Die Schülerin Marie erzählt von einem Erlebnis im Praktikum:

„Es war ein schöner sonniger Tag in der Kita ‚Traumzauberbaum'. Nach dem Frühstück durften alle Kinder zum freien Spiel. Einige Kinder spielten in der Bauecke, einige in der Kuschelecke und der Rest wollte malen. Ich gesellte mich zu den malenden Kindern. Darunter war auch ein Junge, der mir besonders auffiel, da er sonst immer ein sehr aufgeweckter Junge war und diesmal sehr ruhig vor sich hinmalte. Als ich sein Bild bewunderte, erklärte er mir, dass das ein Engel in einem Auto ist, der Richtung Himmel fliegt. Als ich fragte, warum denn der Engel im Auto sitzt, erklärte er mir: ‚Dieser Engel ist mein Papa.' Der Papa sei bei einem Autounfall gestorben, und weil sein Auto ja auch gestorben ist, fliegt es mit in den Himmel. Ich war total geschockt und wusste nicht, was ich sagen sollte. Der Junge tat mir so leid."

Arbeitsaufträge

1. Marie ist nach der Erzählung des Jungen „total geschockt" und weiß nicht, was sie sagen soll.

   a) Was hätten Sie zu dem Jungen gesagt oder was hätten Sie getan? Notieren Sie Ihre spontane Reaktion in Einzelarbeit in das nachfolgende Bild.

   b) Welche Gefühle, Gedanken und Erinnerungen löst die Situation bei Ihnen aus? Notieren Sie diese in die Abbildung.

   c) Tauschen Sie sich in einer Kleingruppe über Ihre Notizen aus.

2. Der Junge hat seinen Vater verloren. Er malt ein Bild und sagt, dass der Engel im Auto sein Papa wäre.

   a) Malen Sie in Einzelarbeit ein Bild, das der Junge gemalt haben könnte – so, wie Sie es sich vorstellen.

b) Bearbeiten Sie folgende Aufgaben in einer Kleingruppe:

• Zeigen Sie sich gegenseitig Ihre Bilder und tauschen Sie sich über Ihre Eindrücke aus. Überlegen Sie: Welche Vorstellungen über Tod und Sterben kommen in den Bildern zum Ausdruck? Formulieren Sie diese Vorstellungen möglichst konkret.

Vorstellungen über Tod und Sterben

• Überlegen Sie: Was bedeutet es für den Jungen vermutlich, den Vater verloren zu haben? Bedenken Sie bei Ihren Überlegungen auch das vermutliche Alter des Jungen. Notieren Sie Ihre Gedanken.

- Lesen Sie den nachfolgenden Text:

Wissen um das Todesverständnis von Kindern

Bevor Erzieherinnen mit den Kindern über den Tod sprechen, ist es wichtig, wenn sie um das Todesverständnis von Kindern wissen. Kleine Kinder begreifen bis zum 3. / 4. Lebensjahr nicht die Endgültigkeit des Todes. Kognitiv wie auch erlebnisorientiert ist dieses vom kindlichen Vorstellungsvermögen ausgeschlossen. Ihr Erleben ist es vielmehr: „Ich werde zum Kindergarten gebracht – und wieder abgeholt. Mama geht zur Arbeit – und kommt wieder." Dass ein Elternteil das Haus verlässt und nicht zurückkehrt, ist in der Regel nicht der Fall. Tod und Trauer müssen Kinder letztendlich am eigenen Körper erfahren und sich damit auseinandersetzen.

Ab dem 4. Lebensjahr fangen Kinder an, Fragen zum Tod zu stellen. Sie sind durch den Gedanken an den Tod nicht emotional betroffen, eher neugierig und interessiert. Haben sie es in ihrem engsten Umfeld nicht erlebt, glauben Kinder vorerst, nur andere sterben. Erfahren Kinder, dass auch Eltern sterben können, ist manchmal die Sorge um Wohnung, Essen und Trinken größer als der mögliche Verlust von Mamas körperlicher Nähe. Spätestens mit 6 Jahren hat jedes Kind Kontakt mit dem Tod gehabt, sei es durch den Tod in der Familie, bei einem Haustier, der toten Maus im Garten oder Nachrichtenmeldungen von Katastrophen, Kriegen und Verbrechen. Die Endgültigkeit des Todes, den biologischen Tod, haben Kinder meist mit spätestens 10 Jahren verstanden und begriffen.

Quelle:www.familienhandbuch.de/cmain/f_Aktuelles/a_Kindertagesbetreuung/s_1926.html: Download am 30.5.2009

- Vergleichen Sie Ihre Überlegungen aus 1 c) mit dem, was Sie im Text über das Todesverständnis von Kindern erfahren. Ergänzen Sie gegebenenfalls Ihre Aufzeichnungen in 1 c).
- Überlegen Sie anhand der Trauerphasen (die nicht starr aufeinanderfolgen) in der nachfolgenden Tabelle, in welcher Phase der Junge vermutlich gerade ist.
- Überlegen Sie weiter, wie Ihnen das Wissen um die Trauerphase im Umgang mit trauernden Kindern helfen kann.
- Sammeln Sie zu den jeweiligen Phasen konkrete Ideen zur Begleitung von trauernden Kindern in der Kindertagesstätte. Notieren Sie Ihre Ideen in die dritte Spalte der Tabelle.

Trauerphase	Möglichkeiten zur Begleitung der Kinder/zum Umgang mit Kindern in der Phase	Konkrete Ideen zur Begleitung trauernder Kinder in der Kita
1. Phase: nicht wahrhaben wollen	da sein, ohne viel zu fragen, Rituale und Tagesrhythmus aufrechterhalten, Gefühle und Reaktionen der Trauernden zulassen	
2. Phase: aufbrechende Emotionen	Gefühlsausbrüche nicht als Angriff verstehen, Wut, Zorn und Trauer akzeptieren, Sorgen und Ängste aussprechen lassen, nicht werten und interpretieren, sondern zuhören	
3. Phase: suchen und sich trennen	geduldig sein und Zeit lassen, neue Orientierung, neue Kontakte zulassen und ermöglichen	
4. Phase: neuer Selbst- und Weltbezug	das Loslassen unterstützen und sensibel bleiben für mögliche Rückfälle, nach Situation und Bedürfnis weiter unterstützen	

- Suchen Sie z.B. im Internet nach weiteren Anregungen zur Begleitung von Kindern im Trauerprozess. Klären Sie in diesem Zusammenhang auch, was ein „Trauerkoffer" ist.

c) Fassen Sie in der Klasse zusammen, wie Sie an Stelle von Marie den Jungen in seinem Trauerprozess begleiten könnten und wie Sie das Bild des Jungen dabei nutzen könnten.

Ich könnte mit dem Jungen...

3. Marie erzählt, dass der Junge ihr „besonders auffiel, da er sonst immer ein sehr aufgeweckter Junge war und diesmal sehr ruhig vor sich hinmalte".
   a) Tauschen Sie sich in einer Kleingruppe über folgende Fragen aus:
   - Was hätten Sie selbst über den Jungen gedacht, wenn Sie Marie wären?
   - Wie machen sich Ihrer Erfahrung nach Stimmungsveränderungen bei Kindern bemerkbar?
   - Wodurch werden Stimmungsveränderungen ausgelöst?
   - Welche Auswirkungen haben Stimmungsveränderungen von Kindern auf Ihr persönliches Handeln?
   Notieren Sie Ihre Gedanken in die Abbildung.

Beobachtungen zu Stimmungsveränderungen bei Kindern

Auslöser

Auswirkungen auf mein Handeln

b) Sammeln Sie in der Klasse, welche Handlungsmöglichkeiten Ihnen im Umgang mit Stimmungsveränderungen von Kindern zur Verfügung stehen. Notieren Sie Ihre Ergebnisse.

Wenn ich bei einem Kind Stimmungsveränderungen bemerke, dann...

_____

_____

_____

_____

_____

4. Marie verspürt Mitleid mit dem Jungen.
   a) Was spürt Marie hier vermutlich genau? Was ist Mitleid für Sie persönlich? Notieren Sie Ihre Gedanken in Einzelarbeit in die Abbildung.

Mitleid ist für mich ...

Mitleid ist für mich nicht ...

b) Tauschen Sie sich in einer Kleingruppe anhand folgender Fragen über Situationen aus, in denen Sie selbst Mitleid empfunden haben.
   - Was kennzeichnete die Situation?
   - Wie waren Ihre Gefühle in der Situation?
   - Konnten Sie Ihre Gefühle zeigen oder hielten Sie sie zurück?
   - Wie haben Sie reagiert? Wie schätzen Sie Ihre Reaktion heute ein?
   - Wie haben andere auf Ihr Mitleiden reagiert?
   - Was ist der vermutliche Grund dafür, dass Sie mit anderen mitleiden?

c) Diskutieren Sie in der Klasse, ob zwischen „Mitleid" und „Mitgefühl" für Ihr Empfinden ein Unterschied besteht. Begründen Sie Ihre jeweiligen Positionen.

d) Formulieren Sie am Ende der Diskussion in Einzelarbeit eine innere Haltung, mit der Sie Situationen, die Mitleid bzw. Mitgefühl auslösen, zukünftig gegenübertreten wollen. Notieren Sie Ihr Ergebnis.

e) Tauschen Sie sich in der Klasse über mögliche Strategien im Umgang mit gefühlsmäßig schwierigen Situationen aus. Notieren Sie Ihre Ergebnisse und markieren Sie diejenigen Strategien, die Sie ausprobieren möchten.

In oder nach gefühlsmäßig schwierigen Situationen kann ich ...

Aufgaben für die Praxis

1. Kommen Sie mit Ihrer Praxisanleiterin darüber ins Gespräch, worüber Kinder im Kindergartenalter trauern und wie die Erzieherinnen in Ihrer Einrichtung damit umgehen.

2. Fragen Sie in Ihrer Kindertagesstätte nach einem Trauerkoffer. Schauen Sie sich diesen an und überlegen Sie, wozu welche Gegenstände genutzt werden können. Wenn es in Ihrer Einrichtung keinen Trauerkoffer gibt, gestalten Sie mit Hilfe von Bildern aus Zeitschriften und Katalogen einen solchen Koffer und stellen Sie dieses Bild in Ihrer Einrichtung vor. Ziel Ihrer Präsentation ist, einen solchen Koffer tatsächlich zusammenzustellen.

3. Suchen Sie Bilderbücher in Ihrer Einrichtung, die Sie für ein Gespräch mit Kindern über Verluste nutzen könnten. Beobachten Sie die Kinder, während sie sich ein entsprechendes Buch anschauen. Notieren Sie die Fragen, die die Kinder sich gegenseitig oder auch an Sie stellen, oder Bemerkungen dazu. Notieren Sie auch, welche Gefühle die Fragen bzw. Bemerkungen bei Ihnen aufgeworfen haben und inwiefern Sie antworten konnten. Bringen Sie Ihre Notizen in die Schule mit.

4. Befragen Sie Ihre Praxisanleiterin, wie Sie und Ihre Kolleginnen mit gefühlsmäßig schwierigen Situationen umgehen.

5. Nehmen Sie Stimmungsveränderungen von Kindern aufmerksam wahr und kommen Sie mit Ihrer Praxisanleiterin über Ihre Beobachtungen ins Gespräch.

Literaturtipps

Ennulat, Gertrud : Kinder trauern anders. Wie wir sie einfühlsam und richtig begleiten, Herder 2008

Hermann, Inger/Sole-Vendrell, Carme: Du wirst immer bei mir sein, Patmos 2005

Lindgren, Astrid: Die Brüder Löwenherz, Oetinger 2007

Tausch-Flammer, Daniela; Bickel, Lis: Wenn Kinder nach dem Sterben fragen. Ein Begleitbuch für Kinder; Eltern und Erzieher, Herder 2008

Varley, Susan: Leb wohl lieber Dachs, Betz 1984

Seite einer Trauerbegleiterin: www.schroeter-rupieper.de/?cmd=presse&id=23

Umgang mit Kindern unter drei Jahren

Eingewöhnung

Zusammenarbeit mit Eltern

Arbeitsfeld Tagespflege

- Sie sind für die besondere Bedeutung der Eingewöhnungsphase in neue Gruppen in der Arbeit mit Kindern unter drei Jahren sensibilisiert.
- Sie begleiten Kinder in konflikthaften Situationen im Gruppenzusammenhang. Dabei beziehen Sie die Faktoren ein, die das kindliche Verhalten beeinflussen.
- Sie begegnen Eltern wertschätzend und wirken an der Zusammenarbeit mit ihnen mit.

„Bastian fing an, Karoline zu hauen"

Marvin berichtet aus seinem Praktikum in der Tagespflege:

„Ich mache seit zwei Monaten ein Praktikum in der Tagespflege bei einer Tagesmutter. Hier wurden zunächst zwei Jungen, Bastian und Leon (16 Monate, Zwillinge), und ein Mädchen, Isabell (drei Jahre), drei Tage die Woche betreut. Das lief super!

Vor ca. drei bis vier Wochen kam dann ein weiteres dreijähriges Mädchen, Alina, dazu und zwei Wochen später noch ein zweijähriges Mädchen, Karoline.

Dass das eine riesige Umstellung für die beiden Jungen ist, ist ja klar. Nach ein paar Tagen fing Bastian an, Karoline zu hauen und ihr das Spielzeug wegzunehmen. Ich kann mir schon vorstellen, dass er auf sie am meisten eifersüchtig ist, da die anderen Dreijährigen ja nicht so wahnsinnig viel Nähe von der Tagesmutter brauchen.

Karoline hat ziemliche Probleme mit der Eingewöhnung, weint viel, will viel auf den Arm. Das ist natürlich eine direktere Konkurrenz zu den Jungen als die beiden Großen.

Die Tagesmutter meinte, dass man doch irgendetwas machen müsse – z. B., dass sich die Eltern des Jungen mal überlegen sollten, wie sie das Verhalten von Bastian verändern könnten.

Aber was sollen die Eltern denn da machen? Zu Hause macht er es ja nicht. Und bei einem 16 Monate alten Kind hilft es ja auch nicht, wenn man abends mit ihm darüber redet. Der hat ja bis morgens schon vergessen, was überhaupt los war.

Ist das nicht eigentlich die Aufgabe der Tagesmutter, dass sie sich etwas überlegt und die Situation irgendwie managt?"

Arbeitsaufträge

1. a) Was würden Sie Marvin spontan antworten? Tragen Sie Ihre Antwort in die folgende Abbildung ein.

b) Tauschen Sie sich in Partnerarbeit über Ihre Antworten aus.

Standbild
→ S. 193

c) Bearbeiten Sie die Situation mit Hilfe eines **Standbildes** zu der Szene, in der Bastian anfing, Karoline zu hauen und ihr das Spielzeug wegzunehmen. Gehen Sie in folgenden Schritten vor:

- Eine Schülerin baut das Standbild mit folgenden Personen auf: Bastian, Leon, Isabell, Alina, Karoline, die Tagesmutter, Marvin, Eltern von Bastian (ein Vertreter), Eltern von Karoline (ein Vertreter)
- Für jede dargestellte Person wird eine Schülerin bestimmt, die alle Äußerungen dieser Person und alles, was aus ihrer Perspektive gesprochen wird, auf einem **Plakat** festhält.

Plakat
→ S. 191

- Die Spielleiterin befragt die Darstellenden anhand folgender Fragen:
  – Was machst du hier?
  – Was ist hier los?
  – Wie fühlst du dich?
  – Was geht dir durch den Kopf?
  – Was denkst du über die anderen?
  – Was würdest du jetzt am liebsten tun?
- Nun können die beobachtenden Schülerinnen hinter die Person treten, der sie eine Stimme geben wollen, und Gedanken oder Gefühle in der Ich-Form aussprechen.
- Lassen Sie einen Stimmenchor erklingen.
- Lösen Sie das Standbild auf und tauschen Sie sich zunächst anhand folgender Fragen aus:
  – Wie haben Sie sich als Darstellende gefühlt?
  – Wie hat das Standbild auf die Beobachtenden gewirkt?

d) Betrachten Sie nun die Plakate und überlegen Sie gemeinsam, welche Aspekte die Situation beeinflussen. Notieren Sie diese als Ergebnis auf Moderationskarten und befestigen Sie sie an einer Pinnwand.

Zu einigen Aspekten finden Sie im Folgenden Aufgaben, andere können Sie in selbstgewählter Weise bearbeiten.

2. In der Handlungssituation bemerkt Marvin, dass es „bei einem 16 Monate alten Kind ja auch nicht hilft, wenn man abends mit ihm darüber redet. Der hat ja bis morgens schon vergessen, was überhaupt los war."

    a) Warum glaubt Marvin das? Wie erklären Sie sich das? Notieren Sie Ihre Gedanken in die Abbildung.

    b) Bearbeiten Sie folgende Aufgaben in Einzelarbeit:

- Informieren Sie sich im **Fachbuch** und weiteren Quellen über die Kompetenzentwicklung von Kindern unter drei Jahren.

Fachbuch
→ S. 104–117, 350

Sammeln Sie Informationen zu folgenden Bereichen:

Entwicklungs-bereiche	0 bis 3 Jahre
körperliche Entwicklung	
geistige Entwicklung	
Sprach-entwicklung	
emotionale Entwicklung	
soziale Entwicklung	

Plakat
→ S. 191

c) Bilden Sie zu jedem Bereich aus Aufgabe 2 b) eine Kleingruppe und erstellen Sie ein anschauliches **Plakat** über die Entwicklung der jeweiligen Fähigkeiten und Fertigkeiten von Kindern im Alter von null bis zu drei Jahren.

d) Stellen Sie Ihre Plakate in der Klasse vor. Diskutieren Sie vor dem Hintergrund Ihrer Ergebnisse Ihre Erfahrungen mit Kindern unter drei Jahren. Reflektieren Sie hierbei die Chancen und Gefahren der „Normierung" kindlicher Entwicklung kritisch.

e) Gleichen Sie Ihre neu gewonnenen Erkenntnisse mit Ihren Notizen aus 2 a) ab. Diskutieren Sie gegebenenfalls noch einmal in der Klasse über Marvins Aussage.

3. Marvin berichtet, dass Karoline „so viel weint und auf den Arm will".
   a) Sammeln Sie in der Klasse Ihre Ideen dazu, warum Karoline dieses Verhalten zeigen könnte. Sammeln Sie möglichst viele Deutungen.

b) Tauschen Sie sich in Kleingruppen über folgende Fragen aus und notieren Sie wichtige Aspekte dazu:

* Was ist Eingewöhnung?

_____

_____

_____

* Welche Erfahrungen haben Sie bereits mit der Eingewöhnungsphase von Kindern in Einrichtungen bzw. in der Tagespflege gemacht?

_____

_____

_____

- Was beeinflusst die Eingewöhnungsphase?

_____

_____

_____

- Was muss Ihrer Meinung nach bei der Eingewöhnung unbedingt beachtet werden?

_____

_____

_____

c) Informieren Sie sich im **Fachbuch** über verschiedene Modelle zur Eingewöhnung. Nutzen Sie hierzu den folgenden Fachtext als erste Einführung, das Fachbuch und weitere Quellen:

 **Fachbuch**
→ S. 180/181

Bedeutung der Eingewöhnung

Die Bedeutung der Eingewöhnung für das Kind hängt von verschiedenen Faktoren ab. Insbesondere das Alter des Kindes ist entscheidend für die Dauer und Intensität der Eingewöhnung. In Tageseinrichtungen werden Kinder von null bis 14 Jahren betreut, wobei die Eingewöhnung bei Kindern bis zum fünften Lebensjahr besonders bedeutsam ist. Sie haben meist nur wenig Erfahrung darin, sich auf andere Bindungspersonen als ihre Eltern einzulassen. Darüber hinaus sind die Bindungen zu diesen im Alter bis sechs Jahren sehr eng und von starken Emotionen geprägt.

Ankommen in der Tageseinrichtung

Der erste Kontakt des Kindes zum Personal der Tageseinrichtung und die Qualität der Interaktion zwischen Erzieherin und Kind und auch der zwischen Erzieherin und Eltern in den ersten Tagen und Wochen sind entscheidend für die gesamte Betreuungszeit. Kann das Kind positive Erfahrungen mit der Betreuung in der Tageseinrichtung machen und diese Situation als bereichernd erleben, so wird es offen für anderes sein, was im Zusammenhang mit der Tageseinrichtung steht. Bei einer negativen ersten Erfahrung wird das Kind möglicherweise die damit verbundenen Emotionen für die gesamte Zeit der Betreuung in der Tagesstätte spüren.

Auf das Kind strömen vielfältige neue Eindrücke und emotionale Erfahrungen ein, die es verarbeiten muss. Manche Kinder haben bis zu ihrem ersten Besuch in einer Tageseinrichtung nur wenige oder gar keine Erfahrung mit Fremdbetreuung gemacht. Sowohl die Personen, die Erzieherinnen und die anderen Kinder, als auch die Räume der Tageseinrichtung stellen für das Kind fremde Situationen dar. In diesem Alter können die meisten Kinder aber nicht auf Erfahrungen mit derartigen Situationen zurückgreifen, das heißt, sie müssen selbst eine Strategie für den Umgang damit entwickeln. Dafür benötigen sie vor allem Zeit und ihre bisherigen Bezugspersonen. Aus diesen Gründen gehen immer mehr Tageseinrichtungen dazu über, eine elternbegleitete Eingewöhnung zu praktizieren.

Loslösen von der Bezugsperson

Nachdem das Kind die ersten Eindrücke der neuen Umgebung verarbeitet und dadurch Sicherheit gewonnen hat, kann es seinen Handlungsspielraum allmählich erweitern. Normalerweise wird das Kind von sich aus Interesse an dem Geschehen in der Tagesstätte bekommen und sich schrittweise immer weiter von der Bezugsperson (meistens ein Elternteil) entfernen. Je sicherer sich das Kind fühlt, desto größer wird der Erkundungsspielraum. In dieser Phase ist es besonders wichtig, dass die Eltern oder die andere Bezugsperson eine sichere Anlaufstelle für das Kind darstellen, auf die es sich bei Bedarf zurückziehen kann. Dieser Prozess findet im Tempo des Kindes statt. Erst wenn Kinder die Sicherheit haben, sich von ihren Bezugspersonen emotional zu lösen, sind sie für andere Interaktionen bereit. Mit Feingefühl und Geduld kann die Erzieherin eine Beziehung zu dem Kind aufbauen und ermöglicht so, dass eine Interaktion zwischen ihr und dem Kind stattfinden kann. Wie gut die aus dieser Beziehung entstehende Bindung gelingt, ist entscheidend für die gesamte Zeit, die das Kind in der Tagesstätte verbringt.

Quelle: Andreas Koch in „Kinder erziehen, bilden und betreuen", Cornelsen Scriptor, Berlin 2010

d) Stellen Sie sich die Modelle zur Eingewöhnung auf einem **Marktplatz** in der Klasse gegenseitig vor.

e) Halten Sie die wichtigsten Eckpunkte bei der Eingewöhnung als gemeinsames Ergebnis auf einem **Plakat** fest.

 **Marktplatz**
→ S. 190

Plakat
→ S. 191

f) Überlegen Sie gemeinsam, wie Sie auf Karolines Verhalten eingehen würden. Notieren Sie Handlungsalternativen in die Abbildung.

4. Marvin erzählt, dass die Tagesmutter der Meinung ist, die Eltern von Bastian sollten sich überlegen, „wie sie das Verhalten von Bastian verändern könnten". In seinem Verständnis sollte sich aber die Tagesmutter etwas überlegen.

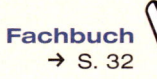
Fachbuch
→ S. 32

Mindmap
→ S. 190

a) Informieren Sie sich in Einzelarbeit über das Einsatzfeld „Tagespflege". Nutzen Sie dazu das **Fachbuch** und weitere Quellen.
Halten Sie die Ergebnisse in Form eines **Mindmap** schriftlich fest:

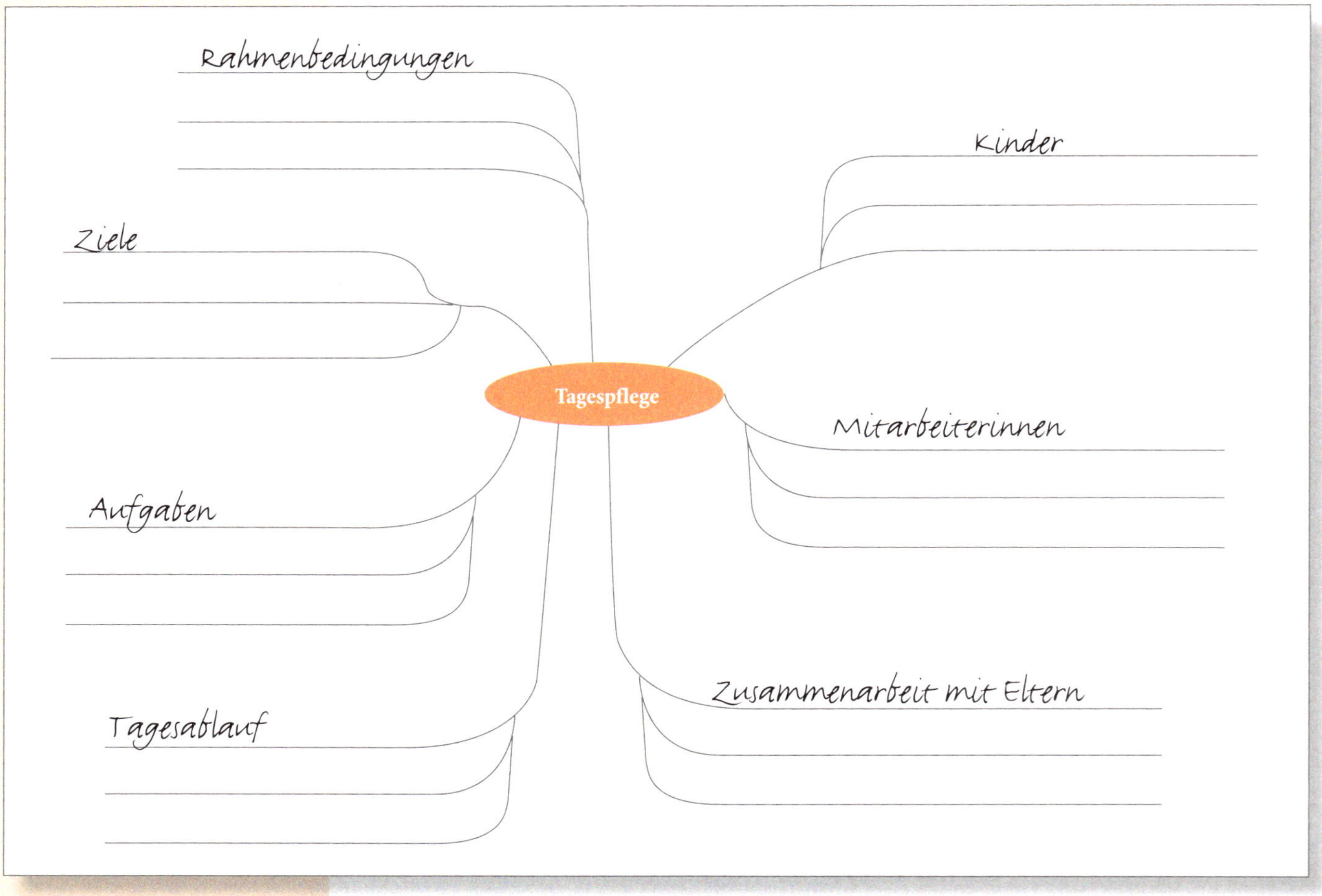

Rahmenbedingungen

Kinder

Ziele

Tagespflege

Mitarbeiterinnen

Aufgaben

Tagesablauf

Zusammenarbeit mit Eltern

b) Vergleichen Sie Ihre Ergebnisse in Kleingruppen und ergänzen Sie Ihr Mindmap gegebenenfalls.

c) Betrachten Sie noch einmal Ihre Eintragungen aus der Abbildung zu Frage 1: Hat sich Ihre Einschätzung geändert? Was würden Sie Marvin jetzt sagen?

d) Überlegen Sie nun, wie die Tagesmutter aus der Handlungssituation mit den Eltern ins Gespräch kommen könnte.

e) Bereiten Sie ein Rollenspiel vor, in dem Sie Ihre Handlungsalternativen ausprobieren.

f) Spielen Sie die Rollenspiele in der Klasse und werten Sie diese jeweils anhand der folgenden Fragen aus:

- Wie haben Sie sich in der Rolle der Tagesmutter gefühlt?
- Wie haben Sie sich in der Rolle der Eltern gefühlt?
- Was könnte sich Ihrer Meinung nach jetzt verändern?

5. Marvin erzählt, dass Bastian anfing, „Karoline zu hauen und ihr das Spielzeug wegzunehmen".
   a) Lesen Sie in Einzelarbeit noch einmal die gesammelten Gedanken und Gefühle von „Bastian" aus Aufgabe 1 und identifizieren Sie die vorherrschenden Aspekte.
   b) Beziehen Sie diese Aspekte ein, wenn Sie nun mögliche Handlungsalternativen für die Situation zwischen Bastian und Karoline überlegen.

c) Tauschen Sie sich über Ihre Ideen in der Klasse aus.

Aufgaben für die Praxis

1. Kommen Sie mit Ihrer Praxisanleiterin über folgende Fragen ins Gespräch:
    - Wie wird die Eingewöhnung von neuen Kindern in der Einrichtung konkret gestaltet? Welche grundlegenden Überlegungen (ggf. Modelle) gibt es dafür?
    - Wie ist die Rolle der Eltern in der Eingewöhnungsphase?
    - Wie erfolgt die Zusammenarbeit mit den Eltern während der Eingewöhnungsphase des Kindes?
    - Welche Erfahrungen mit „nicht gelungener Eingewöhnung" gibt es? Wie wurde mit der Situation umgegangen?

    Bringen Sie die Gesprächsergebnisse mit in die Schule und diskutieren Sie diese in der Klasse.

2. Beobachten Sie in Ihrer Praktikumseinrichtung das soziale Verhalten eines Kindes unter drei Jahren aufmerksam über einen ganzen Tag. Schreiben Sie hierzu einen Bericht und nutzen Sie folgende Fragen:
    - Was konnten Sie im Hinblick auf verschiedene Situationen (z. B. freie Spielsituation, Morgenkreis, Essenssituation) beobachten?
    - Welche Unterschiede gab es je nach Situation im Verhalten?
    - Welche sozialen Fähigkeiten hat das Kind in den Situationen gezeigt?
    - Wie reagierte das Kind in Konfliktsituationen?
    - Welche Ideen für die individuelle Begleitung des Kindes in seinem sozialen Entwicklungsprozess haben Sie?

    Tauschen Sie sich über den Bericht mit Ihrer Praxisanleiterin aus und überlegen Sie gemeinsam, wie Sie Ihre Ideen verwirklichen können.

Literaturtipps

Becker-Stoll, Fabienne/Textor, Martin R. (Hrsg.): Die Erzieherin-Kind-Beziehung. Zentrum von Bildung und Erziehung. Cornelsen Scriptor, 2007

Laewen, H-J./Andres, B./Hédervári, É.: Die ersten Tage – ein Modell zur Eingewöhnung in Krippe und Tagespflege. Beltz Verlag, 2006

Weber, Christine: Spielen und Lernen mit 0- bis 3-Jährigen. Der entwicklungszentrierte Ansatz in der Krippe. Cornelsen Scriptor, 2004

Bundesministerium für Familie, Senioren, Frauen und Jugend (Hrsg.): Handbuch Kindertagespflege, Download unter www.handbuch-kindertagespflege.de, Berlin, 2009

www.fruehe-tagesbetreuung.de

Planung und Gestaltung von Ausflügen

Märchen

Einnässen

Aufsichtspflicht

- Sie wirken an der Planung und Gestaltung von Ausflügen mit Kindern einer Tagesstätte mit.
- Sie sind für die Bedeutung von Märchen für den Entwicklungsprozess von Kindern sensibilisiert.
- Sie sind dafür sensibilisiert, dass das Einnässen bei Kindergartenkindern vorkommen und verschiedene Auslöser haben kann. Sie reagieren angemessen darauf.
- Ihnen sind rechtliche Bestimmungen zur Aufsichtspflicht bewusst und Sie richten Ihr Handeln daran aus.
- Sie erklären Kindergartenkindern schwierige Situationen altersgerecht.

„Ich muss ganz nötig!"

Doreen berichtet aus ihrem Praktikum:

„Vor einiger Zeit haben wir uns in unserer Kindergartengruppe mit dem Märchen ‚Hänsel und Gretel' beschäftigt. Deshalb planten wir einen Ausflug in einen Wald, der nicht weit von unserem Kindergarten entfernt liegt. Wir wollten dort ein Picknick machen und die Kinder wollten das mit dem ‚Spurenlegen' unbedingt ausprobieren.

Bevor es losging, wurden alle Kinder aufgefordert, noch einmal zur Toilette zu gehen. Dann machten wir uns auf den Weg: Eine Erzieherin, zwölf Kinder und ich. Kurz nachdem wir im Wald angekommen waren, kam der vierjährige Sascha zu mir gelaufen und sagte: ‚Ich muss ganz nötig!' Aber zu spät – die Hose war schon nass! O nein, dachte ich. Sascha schämte sich wohl, aber ich war ziemlich genervt. Ich ging zur Erzieherin und fragte, ob ich mit Sascha zurückgehen sollte, um trockene Sachen anzuziehen. Doch die Erzieherin sagte, dass das rechtlich nicht erlaubt sei und dass wir alle umkehren müssten. Jetzt war nur die Frage, wie wir das den Kindern erklären sollten."

Arbeitsaufträge

**Pro-und-Kontra-
Diskussion**
→ S. 191

1. Doreen erzählt, die Erzieherin sagte, dass die Gruppe umkehren müsse, weil es rechtlich nicht erlaubt sei, dass Doreen mit Sascha alleine zurückgeht.
   a) Überlegen Sie in Einzelarbeit, ob Sie der Aussage der Erzieherin zustimmen. Begründen Sie Ihre Meinung.

   b) Stellen Sie sich entsprechend Ihrer Meinung im Klassenraum auf: auf einer Seite diejenigen, die der Erzieherin zustimmen, auf der anderen Seite diejenigen, die eher Doreen zustimmen.

   c) Führen Sie eine **Pro-und-Kontra-Diskussion** zur Entscheidung der Erzieherin durch.
   • Notieren Sie zuvor die Argumente in den zwei entstandenen Gruppen:
     Die Pro-Gruppe sammelt Argumente für die Position der Erzieherin.

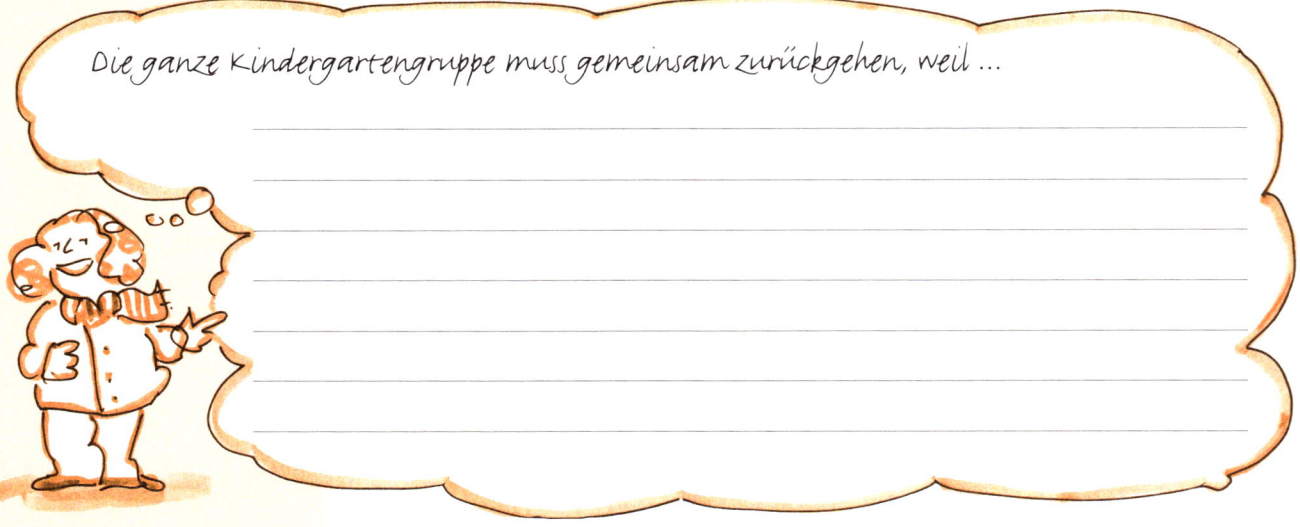

Die ganze Kindergartengruppe muss gemeinsam zurückgehen, weil ...

Die Kontra-Gruppe sammelt Argumente für die Position Doreens.

Doreen und Sascha gehen allein zurück, weil ...

   • Aus jeder Gruppe beteiligen sich nun drei Schülerinnen an der Diskussion.
   • Zwei Beobachtende aus jeder Gruppe protokollieren die ausgetauschten Argumente auf Plakaten. Die Plakate werden anschließend in der Klasse ausgehängt.

d) Laden Sie eine Expertin zum Expertengespräch in die Klasse ein.
- Stellen Sie ihr die Handlungssituation und Ihre gesammelten Argumente aus der Pro-und-Kontra-Diskussion vor.
- Bitten Sie die Expertin um eine Stellungnahme zur Situation.
- Fassen Sie zusammen, welche Kriterien die Entscheidung der Erzieherin in solchen Situationen leiten. Überprüfen Sie, welche Informationen in der Handlungssituation fehlen, die zu einer Entscheidungsfindung benötigt werden.

Zur Entscheidungsfindung beziehe ich folgende Kriterien ein...

In der Handlungssituation fehlen folgende Informationen...

- Tauschen Sie sich über selbst erlebte Situationen im Zusammenhang mit der Aufsichtspflicht im Kindergarten aus und bitten Sie die Expertin jeweils um eine Stellungnahme.

2. Doreen und eine Erzieherin haben mit den Kindern einen Ausflug in einen Wald geplant, der nicht weit von ihrem Kindergarten entfernt liegt.
   a) Notieren Sie in Partnerarbeit, was Doreen und die Erzieherin für den Ausflug vermutlich geplant haben. Entnehmen Sie Aspekte aus der Handlungssituation und ergänzen Sie diese durch eigene Überlegungen.

Doreen und die Erzieherin haben geplant ...

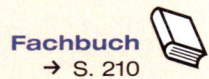

Fachbuch
→ S. 210

b) Lesen Sie im **Fachbuch** den Abschnitt zum Thema Planungsschema W-Fragen.

c) Erstellen Sie mit Hilfe Ihrer eigenen Überlegungen aus a) und den W-Fragen eine Checkliste für die Vorbereitung eines Waldausflugs.

Checkliste für einen Waldausflug ...

d) Stellen Sie Ihre Checklisten in der Klasse vor und zeigen Sie auf, welche Aspekte Doreen und die Erzieherin bei ihren Planungen nicht berücksichtigt haben.

3. Doreen berichtet: „Kurz nachdem wir im Wald angekommen waren, kam der vierjährige Sascha zu mir gelaufen und sagte: ‚Ich muss ganz nötig!' Aber zu spät – die Hose war schon nass! O nein."
   a) Bearbeiten Sie in einer Kleingruppe folgende Aufgaben und Fragen:
   - Notieren Sie in die Abbildung, welche Gedanken und Gefühle Doreen und Sascha in dieser Szene vermutlich bewegen.

   - Überlegen Sie, was Doreen spontan zu Sascha gesagt haben könnte. Notieren Sie alle Ihre Ideen ohne Wertung in die obige Abbildung.

- Sammeln Sie mögliche Auslöser für das Einnässen bei etwa vierjährigen Kindern. Lesen Sie hierzu auch im **Fachbuch** nach und notieren Sie Ihre Überlegungen.

Fachbuch
→ S. 379

Auslöser für das Einnässen

- Umkreisen Sie diejenigen Auslöser, die bei Sascha die Ursache für das Einnässen gewesen sein könnten.
- Wie schätzen Sie Saschas Einnässen vor dem Hintergrund seines Alters bzw. seiner Entwicklung ein?

- Ab wann wird beim Einnässen von Kindern von einer Erkrankung bzw. einer Störung gesprochen?

b) Vergleichen und diskutieren Sie Ihre Ergebnisse in der Klasse.

c) Überlegen Sie vor dem Hintergrund Ihrer gewonnenen Erkenntnisse noch einmal, was Doreen zu Sascha in der Szene der Handlungssituation sagen könnte. Begründen Sie Ihre Vorschläge.

4. Doreen und die Erzieherin stellen sich die Frage, wie sie den Kindern erklären sollen, dass alle gemeinsam zum Kindergarten zurückmüssen.
   a) Notieren Sie in Partnerarbeit viele mögliche Erklärungen, die Doreen und die Erzieherin den Kindern geben könnten.

   b) Überdenken Sie für jede Erklärung, wie die Kinder darauf vermutlich reagieren werden. Markieren Sie diejenigen Erklärungen, die für Sie tatsächlich in Frage kommen.

   c) Diskutieren Sie Ihre Ergebnisse in der Klasse.

   d) Notieren Sie zusammenfassend, worauf die Erzieherin und Doreen bei der Erklärung achten sollten.

Die Praktikantin und die Erzieherin sollten darauf achten, dass ...

5. Doreen erzählt, dass sich ihre Kindergartengruppe vor einiger Zeit mit dem Märchen „Hänsel und Gretel" beschäftigt hat.
a) Überlegen Sie in Einzelarbeit:
- Welche Märchen haben Sie selbst als Kind gehört und gelesen?

_____

_____

_____

_____

_____

_____

- Welche Gedanken und Gefühle werden in Ihnen ausgelöst, wenn Sie an Situationen aus Ihrer Kindheit zurückdenken, in denen Ihnen ein Märchen erzählt
wurde?

Ich denke ...

Ich fühle ...

- Welche Erinnerungen löst das Märchen „Hänsel und Gretel" bei Ihnen aus?

_____

_____

_____

_____

_____

_____

b) Tauschen Sie sich in einer Kleingruppe über Ihre Notizen aus. Tauschen Sie
sich auch darüber aus, wie Sie den Umgang mit Märchen in Ihren Praktika bisher erlebt haben.

c) Lesen Sie den folgenden Text und klären Sie unbekannte Begriffe.

Kinder brauchen Märchen

Gespräch mit Susanne Stöcklin-Meier

Warum brauchen Kinder Märchen? Was ist für Kinder wichtig an Märchen?
Märchen geben Kindern Orientierung in der Welt. Sie erzählen von Freundschaft, von Liebe, von Hass, von Kampf, von Gut und Böse, und das hilft den Kindern, ihre Wertvorstellungen zu entwickeln. Und das Tolle ist, sie identifizieren sich mit ihren Helden und Heldinnen im Märchen; diese gewinnen immer und siegen. Das heißt, Märchen machen Mut und geben Zuversicht, weil die Kinder glauben, dass sie das auch können.

Wovon leben Märchen? Worauf sollte man beim Erzählen achten?
Das Erzählen ist wichtig, weil dabei eine Gemeinschaft entsteht. Kinder und der Erzähler werden quasi eine verschworene Gesellschaft. Und Kinder lernen zuzuhören, sich zu konzentrieren. Sie prägen sich den Ablauf ein und können das Gehörte wiederholen. Es ist auch reine Sprachförderung und Hirnjogging, weil so viele verschiedene Aspekte darin vorkommen.

Welche Werte können Märchen Kindern vermitteln? Was können Kinder durch Märchen erfahren?
Vor allem die Gefühle werden angesprochen. Man darf sich im Märchen auch freuen, man darf wütend sein. Es kommt die ganze Palette von den Gefühlen – und das ist ganz wichtig für die emotionale Intelligenz. Märchen regen Kinder an, nachher darüber zu sprechen, zu spielen, und sie nehmen die Geschichte mit in den Alltag. Wenn das Märchen gut ausgewählt war, wollen es die Kinder immer wieder hören. Dann kommt der Wiederholungstick zum Tragen und das geht dann wie Trampelpfade ins Gehirn. Wenn aber das Märchen falsch war, falsch im Sinn von „es hat nicht gepasst", dann interessiert das Motiv nicht weiter.

Was können sie bei Kindern bewirken? Was fördern sie?
Die neue Hirnforschung sagt, dass Kinder bis zu drei Jahren ihren Grundwertebaum entwickelt haben. Also sie müssen bis dahin lernen, dass es Gut und Böse, Ja und Nein gibt. Es gibt Sachen, die darf man, und es gibt Sachen, die darf man nicht. Deswegen entsprechen die Märchen dem Zustand der Kinder so gut, weil dort Schwarz-Weiß scherenschnittartig aufgebaut ist. Da gibt es die Guten und die Bösen und die Bösen werden einfach eliminiert. Das entspricht dem Zustand der kindlichen Entwicklung.

Was ist gerade in unserer Zeit, der Zeit des Internets und des Fernsehens, wichtig am Märchenerzählen?
Wenn ich erzähle, kann ich in die Augen der Kinder schauen, und dann sehe ich, ob sie sich freuen oder ob sie Angst haben. Sie können auch zurückfragen, so entsteht eigentlich eine ganz intime Wärme. Weil so wenig erzählt wird, ist Erzählen für Kinder heute schon ganz exotisch. Es ist etwas Besonderes und praktisch jedes Kind spricht darauf an.

In Märchen gibt es immer Gegensätze: gut – böse, zärtlich – grob. Womit identifizieren sich Kinder im Märchen? Ist es für sie gut, beide Seiten kennen zu lernen und auszuprobieren?
Die Kinder identifizieren sich immer mit der Hauptfigur. Mit dem Sieger, mit der Heldin. Und darum ist es wichtig, wenn man Märchen erzählt, dass man mit ihnen auch über die Nebenfiguren spricht und sie in viele Rollen schlüpfen lässt, denn je mehr Rollen ein Kind spielen kann, desto mehr Seelenanteile kann es erleben. [...] Und je mehr Anteile ein Kind nachspielen kann, desto emotional stabiler wird es und desto mehr Selbstvertrauen hat es.

Weshalb lernen Kinder durch Märchen sich selbst und ihre Gefühle besser kennen?
Weil sich die Kinder mit ihren Helden und Heldinnen identifizieren. Diese gehen handelnd ihren Weg und können durch ihr Handeln alle Proben bestehen. Und das macht Kindern Mut, weil sie auch sehen, dass manchmal der Kleine oder der Dummling siegt. Keiner ist dumm und keiner ist blöd. Ich kann Königin werden oder König.

www.3sat.de/3sat.php?http://www.3sat.de/vivo/127825/index.html, Download am 27.04.09

d) Stellen Sie stichpunktartig heraus, welche Bedeutung Märchen für den Entwicklungsprozess von Kindern haben.

Kinder brauchen Märchen, weil ...

e) Diskutieren Sie Ihre Ergebnisse in der Klasse.

f) Fertigen Sie in der Klasse einen Sammelband von „Lieblingsmärchen" an.
• Jede Mitschülerin wählt ein Märchen aus, schreibt es auf und illustriert es. Berücksichtigen Sie bei der Auswahl auch Märchen aus anderen Kulturen.
• Überlegen Sie sich zu Ihrem ausgewählten Märchen Gesprächsimpulse oder
Spielideen für Kinder einer Kindergartengruppe. Notieren Sie auch Anregungen dazu, wie die Atmosphäre beim Erzählen bzw. das Umfeld gestaltet
sein könnte.
• Gestalten Sie ein Deckblatt und fügen Sie Ihre Märchen zu dem Sammelband
zusammen.
• Kopieren Sie den Sammelband „Lieblingsmärchen", sodass jede Mitschülerin
ein Exemplar erhält.

g) Veranstalten Sie in der Schule eine Märchenstunde und lesen Sie sich gegenseitig Ihre Lieblingsmärchen vor.

Aufgaben für die Praxis

1. Kommen Sie mit Ihrer Praxisanleiterin über folgende Fragen ins Gespräch:
   - Wie wird mit dem Thema „Aufsichtspflicht" umgegangen? Gibt es bestimmte Richtlinien oder Handlungsanleitungen für die Erzieherinnen?
   - Was wird von Ihnen als Praktikantin in Bezug auf die Aufsichtspflicht erwartet?
   - Welche Aufgaben dürfen Sie in diesem Zusammenhang übernehmen und welche nicht?

2. Planen und gestalten Sie einen Ausflug mit einer Kindergartengruppe mit. Nutzen Sie für die Vorbereitung Ihre erarbeitete Checkliste. Besprechen Sie nach dem Ausflug im Erzieherinnenteam, was gut gelungen ist und was beim nächsten Ausflug besser vorbereitet werden könnte.

3. Kommen Sie mit Ihrer Praxisanleiterin über Situationen ins Gespräch, in denen Kinder in Ihrer Einrichtung eingenässt haben. Erkundigen Sie sich, welche Auslöser für das Einnässen vermutet wurden und wie die Erzieherinnen mit solchen Situationen umgehen. Erfragen Sie, wo für solche Fälle Ersatzkleidung aufbewahrt wird.

4. a) Beobachten Sie eine Situation, in der eine Erzieherin den Kindern ein Märchen erzählt. Nehmen Sie aufmerksam wahr:
   - Wie ist die Atmosphäre während des Erzählens?
   - Wie verhalten sich die Kinder in der Situation?
   - Welche Fragen stellen die Kinder?
   - Nehmen die Kinder Impulse aus dem Märchen im anschließenden Spiel wieder auf? In welcher Weise?
   b) Kommen Sie mit der Erzieherin über folgende Fragen ins Gespräch:
   - Warum erzählen Sie Märchen?
   - Welche Erfahrungen haben Sie damit im Kindergartenalltag gemacht?
   c) Lassen Sie sich von den Kindern erzählen, ob bzw. warum sie gerne Märchen hören.
   d) Lesen Sie den Kindern Märchen aus Ihrem Sammelband vor und gestalten Sie die Situation so, wie es in den entsprechenden Empfehlungen steht.

Literaturtipps

Bettelheim, Bruno: Kinder brauchen Märchen. München: Dtv. Neuauflage 1993

Stöcklin-Meier, Susanne: Von der Weisheit der Märchen: Kinder entdecken Werte mit Märchen und Geschichten. München: Kösel 2008

Prott, Roger: Rechtshandbuch für Erzieherinnen. 7. Auflage. Weinheim und Basel: Beltz 2002

Feste und Feiern

Organisation und Gestaltung

Zusammenarbeit mit Eltern

- Ihnen ist die Bedeutung von Festen für alle Beteiligten einer Kindertageseinrichtung bewusst.
- Sie wirken an der Organisation von Festen im Jahreskreis verantwortlich mit. Sie gestalten Feste kreativ.
- Sie bringen sich aktiv in die Zusammenarbeit mit den Eltern ein.
- Sie strukturieren Ihre Arbeit und erbitten ggf. Unterstützung.

„Da hab ich mir nun eine Menge Arbeit aufgehalst!"

Laura erzählt in der Klasse von ihrem Praktikum in der Kindertagesstätte:

„In meiner Kita wird in jedem Jahr ein großes Sommerfest mit Verabschiedung der Schulkinder gefeiert. Die Schulkinder bekommen als Geschenk von der Kita ein selbst gestaltetes kleines Fotoalbum von ihrer Kitazeit überreicht. Damit haben die Erzieherinnen ganz schön zu tun. Beim letzten Elternabend stand das Thema Vorbereitung des Sommerfestes auf der Tagesordnung. Alle waren sich einig, dass sie mal irgendwas Neues ausprobieren wollen – neue Spiele oder so. Da bot ich mich an, danach zu suchen. Wahrscheinlich waren alle froh, dass ich das gesagt habe, denn nun wurde mir gleich die Orga-Liste für das Fest übergeben. Da sie in der Kita ja in jedem Jahr das Fest feiern, gab es Punkte, die immer wieder organisiert werden müssen – die standen auf dieser Liste. Ich fand es ziemlich gut, dass alle mir das zutrauten, die Organisation zu übernehmen. Es gab auch noch eine Mutter und einen Vater, die mir ihre Hilfe anboten. Tja – da hab ich mir nun eine Menge Arbeit aufgehalst, und ich wollte euch fragen, ob ihr Spielideen habt oder wo ich danach suchen kann."

Arbeitsaufträge

1. Laura erzählt, dass in ihrer Kindertagesstätte in jedem Jahr ein großes Sommerfest mit Verabschiedung der Schulkinder gefeiert wird.
   a) Nehmen Sie in Einzelarbeit die Perspektiven der einzelnen Beteiligten in Bezug auf das anstehende Sommerfest ein. Tragen Sie deren vermutliche Gedanken, Gefühle und Erwartungen in die Gedankenblasen ein.

Kinder   Eltern   Erzieherinnen   Laura

   b) Vergleichen Sie Ihre Ergebnisse in der Klasse.

   c) Tauschen Sie sich über folgende Fragen aus und halten Sie die Ergebnisse jeweils auf Plakaten fest:
   • Welche Feste im Jahreskreis haben Sie im Praktikum bereits erlebt?
   • Welche kennen Sie darüber hinaus?

   d) Informieren Sie sich in Kleingruppen über die Bedeutung von wiederkehrenden Angeboten im Jahreslauf. Beantworten Sie folgende Fragen:
   • Welche Bedeutung haben diese Feste?
   • Welche Rituale haben Sie für diese Feste erlebt?
   • Welche Bedeutung haben diese Rituale?

   e) Tragen Sie Ihre Ergebnisse in der Klasse zusammen.

2. Beim letzten Elternabend stand das Thema „Vorbereitung des Sommerfestes" auf der Tagesordnung.
   a) Tauschen Sie sich in Kleingruppen über Ihre eigenen Erfahrungen mit Elternabenden anhand folgender Fragen aus:
   • Wie wurde der Elternabend vorbereitet? Wer war dafür zuständig?
   • Wie lief der Elternabend ab? Gab es eine klare Struktur?
   • Wer hat die Moderation bzw. Leitung des Elternabends übernommen?
   • Haben sich alle an den Gesprächen beteiligt? Wurden alle Anwesenden einbezogen?
   • Was ist Ihnen aufgefallen? Was fanden Sie gut? Was hat Sie gestört?

b) Sammeln Sie in Ihrer Kleingruppe weitere Formen der Zusammenarbeit mit Eltern und ergänzen Sie die erste Spalte der Tabelle.

Zusammenarbeit mit Eltern ist...	So kann ich mich daran beteiligen:
Elternabend	Einladungsplakat entwerfen
	...
	...

c) Ergänzen Sie nun in der zweiten Spalte der Tabelle, in welcher Form Sie sich an der Zusammenarbeit mit Eltern beteiligen können.

d) Tragen Sie Ihre Ergebnisse in der Klasse zusammen und ergänzen Sie Ihre Notizen.

3. Laura fand es „ziemlich gut", dass ihr alle zutrauten, die Organisation für das Sommerfest zu übernehmen.
   a) Überlegen Sie in Einzelarbeit, wie es Ihnen an Lauras Stelle gegangen wäre. Bedenken Sie hierbei auch folgende Fragen und notieren Sie Ihre Gedanken:
   - Hätten Sie an Lauras Stelle die Aufgabe übernommen?
   - Unter welchen Bedingungen?
   - Welche Bedenken hätten Sie an Stelle von Laura?
   - Wie hätten Sie die Aufgabe ablehnen können?

b) Tauschen Sie sich über Ihre Gedanken und Gefühle in der Klasse aus. Erstellen Sie ein Meinungsbild darüber, wie viele Schülerinnen die Aufgabe der Organisation des Sommerfestes übernommen hätten und wie viele dies ablehnen würden. Tauschen Sie sich über Gründe für die Zustimmung bzw. Ablehnung aus.

4. Laura sagt: „Wahrscheinlich waren alle froh, dass ich das gesagt habe, denn nun wurde mir gleich die Orga-Liste für das Fest übergeben. Da sie in der Kita ja in jedem Jahr das Fest feiern, gab es Punkte, die immer wieder organisiert werden müssen – die standen auf dieser Liste."

a) Tauschen Sie sich in der Klasse darüber aus, was Lauras Aussage, dass „wahrscheinlich alle froh" waren, bedeuten könnte.

b) Stellen Sie sich vor, Sie hätten an Stelle von Laura die Aufgabe zur Vorbereitung des Sommerfestes übernommen.

Fachbuch
→ S. 255

- Planen Sie mit Hilfe des **Fachbuchs** in Kleingruppen verschiedene Spiele und Aktivitäten für unterschiedliche Altersgruppen für das Sommerfest. Sammeln Sie z. B. verschiedene Spielideen und vergessen Sie nicht, auch ein Programm für schlechtes Wetter zu überlegen.
- Markieren Sie, wo Sie Unterstützung in der Planungs- bzw. Durchführungsphase benötigen würden.
- Halten Sie Ihre Ergebnisse auf Plakaten fest.

c) Stellen Sie Ihre Ergebnisse in der Klasse vor. Überlegen Sie gemeinsam, ob die präsentierten Ideen realistisch sind, bzw. entwickeln Sie Verbesserungsvorschläge.

Aufgaben für die Praxis

1. a) Notieren Sie die Feste, die in Ihrer Praxiseinrichtung gefeiert werden und wie sie gefeiert werden – also welche Rituale es dafür gibt. Erfragen Sie bei Ihrer Praxisanleiterin und Eltern, welche Bedeutung diese Rituale für die Beteiligten haben. Vergleichen Sie Ihre Ergebnisse in der Klasse.

   b) Erkunden Sie, ob es in Ihrer Einrichtung eine Orga-Liste für bestimmte Feste gibt. Wenn nicht, erstellen Sie eine solche für ein bestimmtes Fest.

   c) Wirken Sie in Ihrer Praxiseinrichtung aktiv an der Planung eines Festes mit. Nutzen Sie hierbei ggf. Ihre Planungsideen aus der Schule. Besprechen Sie nach dem Fest, was gut gelungen ist und was noch anders gemacht werden könnte.

2. Kommen Sie mit Ihrer Praxisanleiterin über folgende Fragen ins Gespräch:
   - Welche Möglichkeiten der Zusammenarbeit mit Eltern gibt es in der Einrichtung? Wie erfahren Eltern davon?
   - Welche Möglichkeiten der Zusammenarbeit werden von den Eltern genutzt? Welche weniger oder gar nicht?
   - Welche Erfahrungen haben Sie als Mitarbeiterin bzw. im Team in der Zusammenarbeit mit Eltern gemacht?
   - Welche Verbesserungsmöglichkeiten sehen Sie?
   - Welche Ziele sollen mit der Zusammenarbeit mit Eltern erreicht werden?

   Bringen Sie die Befragungsergebnisse mit in die Schule und vergleichen Sie diese in der Klasse.

Literaturtipps

Baer, U.: 666 Spiele für jede Gruppe und alle Situationen. Kallmeyersche Verlagsbuchhandlung, 15. Aufl. 2003
Steiner, Fr. & R.: Spielideen für alle Tage. Veritas Verlag 2008
Steiner, Fr. & R.: Die besten Ideen zum Jahreskreis. Veritas Verlag 2006

www.kinderspiele-tipps.de
www.kindergaerten-in-aktion.de

Umgang mit neuen Medien

Rechtliche Grundlagen

Mobbing

Einsatzort Schülercafé

- Sie übernehmen Verantwortung für Ihren Umgang mit Medien und sind sich möglicher Gefahren bewusst.
- Sie sind für die rechtlichen Aspekte im Zusammenhang mit Mobbing sensibilisiert.
- Ihnen sind Auslöser, Formen und Auswirkungen von Mobbing bewusst. Sie informieren Betroffene zu Handlungsmöglichkeiten.

„Im Internet kann doch jeder schreiben, was er will"

Janina schildert folgende Situation aus ihrem Praktikum:

„Im Schülercafé, in dem ich mein Praktikum mache, fragte mich kürzlich die 9-jährige Sophie um Rat. Sie war ziemlich verzweifelt, denn sie hatte Stress mit ihren Mitschülerinnen Lena und Jule, weil sie nachmittags nicht mit ihnen durch die Stadt ziehen wollte. Sophie erzählte mir, dass ihre Eltern es nicht gerne sehen, dass sie in der Stadt rumhängt, und dass sie selbst eigentlich auch gar keine Lust dazu hat. Sie ist manchmal ganz gern zu Hause oder unternimmt etwas mit ihren Eltern. Sie versteht sich halt gut mit ihnen. Lena und Jule machen sich darüber lustig.
Sophie meinte, dass die beiden sie jetzt in einem Internetforum für Schüler beleidigen würden. ‚Mamakind' und ‚Dreckschlampe' stand da plötzlich auf ihrer Pinnwand. Auch auf ihrem Handy hat sie neuerdings irgendwelche gemeinen Nachrichten. Mittlerweile hetzen auch andere anonym gegen Sophie. Sophie sagte, dass sie Lena und Jule einmal darauf angesprochen hat, aber die beiden meinten nur: ‚Wieso, im Internet kann doch jeder schreiben, was er will!'"

Arbeitsaufträge

1. Lena und Jule sind der Meinung: „Im Internet kann doch jeder schreiben, was er will!"

   a) Wie schätzen Sie diese Aussage von Lena und Jule spontan ein? Notieren Sie Ihre Antwort in Einzelarbeit und begründen Sie sie.

   b) Recherchieren Sie in Partnerarbeit, welche rechtlichen Grundlagen es zu Veröffentlichungen über andere Nutzer im Internet gibt. Lesen Sie dazu auch den Verhaltenskodex der online community „Lokalisten":

Das Lokalisten-Netzwerk bietet die Möglichkeit, eigene Inhalte wie z.B. Texte, Fotos, Videos etc. gegenüber anderen Nutzern zu veröffentlichen. Für die Veröffentlichung von Inhalten sowie für den Umgang der Nutzer untereinander gelten die nachfolgenden Regeln:
– Keine rechtswidrigen Inhalte oder Verstöße gegen moralische Grundsätze!
– Verleumdungen und Drohungen, rassistische, sexistische, gewalttätige, politisch oder religiös extremistische, diskriminierende oder andere regelwidrige Äußerungen, Fotos oder Videos, die andere Personen verletzen, sind verboten.
– Dazu zählen auch Nacktaufnahmen, pornografische oder gewaltverherrlichende Inhalte und Symbole oder Abbildungen von Opfern aus Gewaltverbrechen.
– Zur Veröffentlichung absolut unzulässige Inhalte sind daher insbesondere:
  – Propagandamittel und Kennzeichen verfassungswidriger Organisationen (§§ 86, 86a StGB, § 4 Abs.1 Nr.1 und 2 JMStV)
  – Volksverhetzung und Auschwitzlüge (§ 130 StGB, § 4 Abs.1 Nr.3 und 4 JMStV)
  – Gewaltdarstellungen (§ 131 StGB, § 4 Abs.1 Nr. 5 JMStV)
  – Auffordern oder Anleiten zu Straftaten (§§ 111, 126, 130 a StGB, § 4 Abs.1 Nr.6 JMStV)
  – kriegsverherrlichende Inhalte (§ 4 Abs.1 Nr. 7 JMStV)
  – Verletzungen der Menschenwürde (§ 4 Abs.1 Nr. 8 JMStV)
  – erotografische Darstellungen Minderjähriger (§ 4 Abs.1 Nr. 9 JMStV)
  – Kinder-, Tier- und Gewaltpornografie (§ 184d i.V.m. §§ 184a, 184b, 184c StGB, § 4 Abs.1 Nr. 9 und 10 JMStV)
  – in sonstiger Weise pornografische Inhalte oder Inhalte, welche die Entwicklung von Kindern und Jugendlichen oder deren Erziehung zu einer eigenverantwortlichen und gemeinschaftsfähigen Persönlichkeit gefährden (§ 4 Abs.2 JMStV sowie
    § 5 JMStV)
  – § 185 StGB Beleidigung
  – § 186 StGB üble Nachrede
  – § 187 StGB Verleumdung
  – § 188 StGB üble Nachrede und Verleumdung gegen Personen des politischen Lebens
  – § 189 StGB Verunglimpfung des Andenkens Verstorbener
  – Inhalte mit radikaler politischer oder radikaler religiöser Auffassung

Quelle: www.lokalisten.de (6. April 09)

c) Tragen Sie die „Verbote" in die Sprechblasen ein.

d) Laden Sie eine (Rechts-)Expertin zu einem Expertengespräch ein.
- Stellen Sie der Expertin die Handlungssituation vor.
- Klären Sie mit ihr die Frage, auf welche rechtlichen Grundlagen sich Sophie berufen könnte. Notieren Sie dabei, welche deutschen Gesetze auf solche Situationen anwendbar sind.

- Diskutieren Sie mit der Expertin, ob die Äußerungen von Lena und Jule „Mamakind" und „Dreckschlampe" in einem Internetforum gegen gesetzliche Vorschriften verstoßen.

2. Sophie erzählt Janina, dass sie sich gut mit ihren Eltern versteht und manchmal gern zu Hause ist. Die beiden Mitschülerinnen machen sich darüber lustig.
   a) Wie finden Sie es, dass Sophie gerne etwas mit ihren Eltern unternimmt? Wie finden Sie es, dass Lena und Jule sich darüber lustig machen? Tauschen Sie sich in der Klasse darüber aus.

   b) Überdenken Sie in Einzelarbeit folgende Fragen:
   - Was tun Sie selbst gern mit Ihren Eltern bzw. was haben Sie gern mit ihnen getan, als Sie 9 Jahre alt waren?
   - Wie haben Sie das bei Ihren Freunden und Freundinnen erlebt?
   - Wurden Sie selbst einmal dafür belächelt, dass Sie sich mit Ihren Eltern gut verstehen? Was haben Sie gefühlt?

   c) Tauschen Sie sich in der Klasse über Ihre Erfahrungen aus. Nehmen Sie aufmerksam wahr, welche Gemeinsamkeiten und Unterschiede im Hinblick auf Ihre Beziehungen zu Ihren Eltern deutlich werden.

3. Die 9-jährige Sophie wendet sich „ziemlich verzweifelt" an Janina, da sie in einem Internetforum von Lena und Jule beleidigt wird. Janina erzählt: „Mittlerweile hetzen auch andere anonym gegen Sophie."
   a) Notieren Sie in Einzelarbeit: Wie fühlt sich Sophie vermutlich? Warum ist dies so schlimm für sie?

b) Bearbeiten Sie folgende Aufgaben in Kleingruppen:
- Tauschen Sie sich über Ihre Notizen aus.
- Erzählen Sie Ihren Mitschülerinnen von ähnlichen selbst erlebten Situationen anhand folgender Fragen:
  - Was wurde mündlich oder schriftlich über Sie verbreitet?
  - Wie haben Sie das empfunden?
  - Was haben Sie dagegen unternommen?
- Bewerten Sie Ihre selbst erlebten Situationen mit den in Aufgabe 1 erarbeiteten rechtlichen Grundlagen. Verstoßen die Situationen gegen rechtliche Bestimmungen?

c) Stellen Sie jeweils eine selbst erlebte Situation (anonym) und Ihre Bewertung in der Klasse vor und diskutieren Sie die Beispiele.

d) Recherchieren Sie in einer Kleingruppe im Internet zum Thema „Mobbing".
- Lesen Sie zu den Folgen von Mobbing den folgenden Text.

Mobbing: Grundschüler trifft es am häufigsten

Immer auf die Kleinen: Mobbing gibt es in allen Altersklassen - doch Grundschüler haben am meisten damit zu kämpfen.
Mobbing betrifft vor allem Grundschüler. Je älter die Kinder werden, desto seltener sind sie Opfer von Mobbing, ergab eine Online-Umfrage des Zentrums für empirische pädagogische Forschung (zepf) der Universität Koblenz-Landau unter 1995 Schülern.

In den Klassen 1 bis 4 sei der Anteil der Schüler, die unter Mobbing leiden, am höchsten, in den Klassen 11 bis 13 am niedrigsten. Auch Mobbing über das Internet, sogenanntes Cyber-Mobbing, sei unter Grundschülern am weitesten verbreitet.
Rund 40 Prozent der Schüler gaben an, in den vergangenen zwei Monaten Opfer von direktem Mobbing gewesen zu sein. Sie wurden von einem stärkeren Schüler wiederholt entweder körperlich oder verbal angegriffen.

16,5 Prozent erklärten, sie hätten im genannten Zeitraum mindestens einmal unter Cyber-Mobbing gelitten. Allerdings schränken die Forscher ein, dass die Motivation zur Teilnahme an der Umfrage vermutlich bei denjenigen höher ist, die schon einmal Mobbing-Opfer waren.
Auffällig sei, dass von den Erst- bis Viertklässlern 63 Prozent angaben, innerhalb der vergangenen zwei Monate unter Mobbing gelitten zu haben. Rund 26 Prozent von ihnen waren sogar mehrfach pro Woche Opfer. Von den Schülern der Klassen 11 bis 13 fühlten sich nur rund 35 Prozent in dieser Zeit als Mobbing-Opfer, erläutert das Forschungszentrum.
Während die Täter beim direkten Mobbing auf dem Schulhof zuschlagen, greifen sie beim Cyber-Mobbing in erster Linie in Chatrooms an. Dort beleidigen sie ihre Opfer und verbreiten Gerüchte über sie. Letzteres müsse als besonders gravierend angesehen werden, weil die Betroffenen in vielen Fällen nur über Umwege davon erfahren.
Für die Umfrage kontaktierten die Forscher Schüler der Klassen 1 bis 13 im gesamten Bundesgebiet. Da allerdings nur Schüler mit Internetzugang teilnehmen konnten, lassen sich die Ergebnisse den Wissenschaftlern zufolge nicht auf alle Schüler übertragen.
Quelle: dpa (http://www.berlin.de/special/jobs-und-ausbildung/schule-und-lehre/schule/1023476-999240-mobbinggrundsch%C3%BClertrifftesamh%C3%A4ufigste.html; Download vom 7.4.2010)

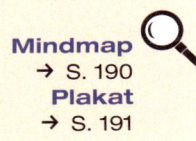

Mindmap
→ S. 190
Plakat
→ S. 191

- Erstellen Sie ein **Mindmap** dazu. Beziehen Sie ein, wo Mobbing-Opfer Hilfe erhalten können.
- Übertragen Sie das Mindmap auf ein **Plakat**.

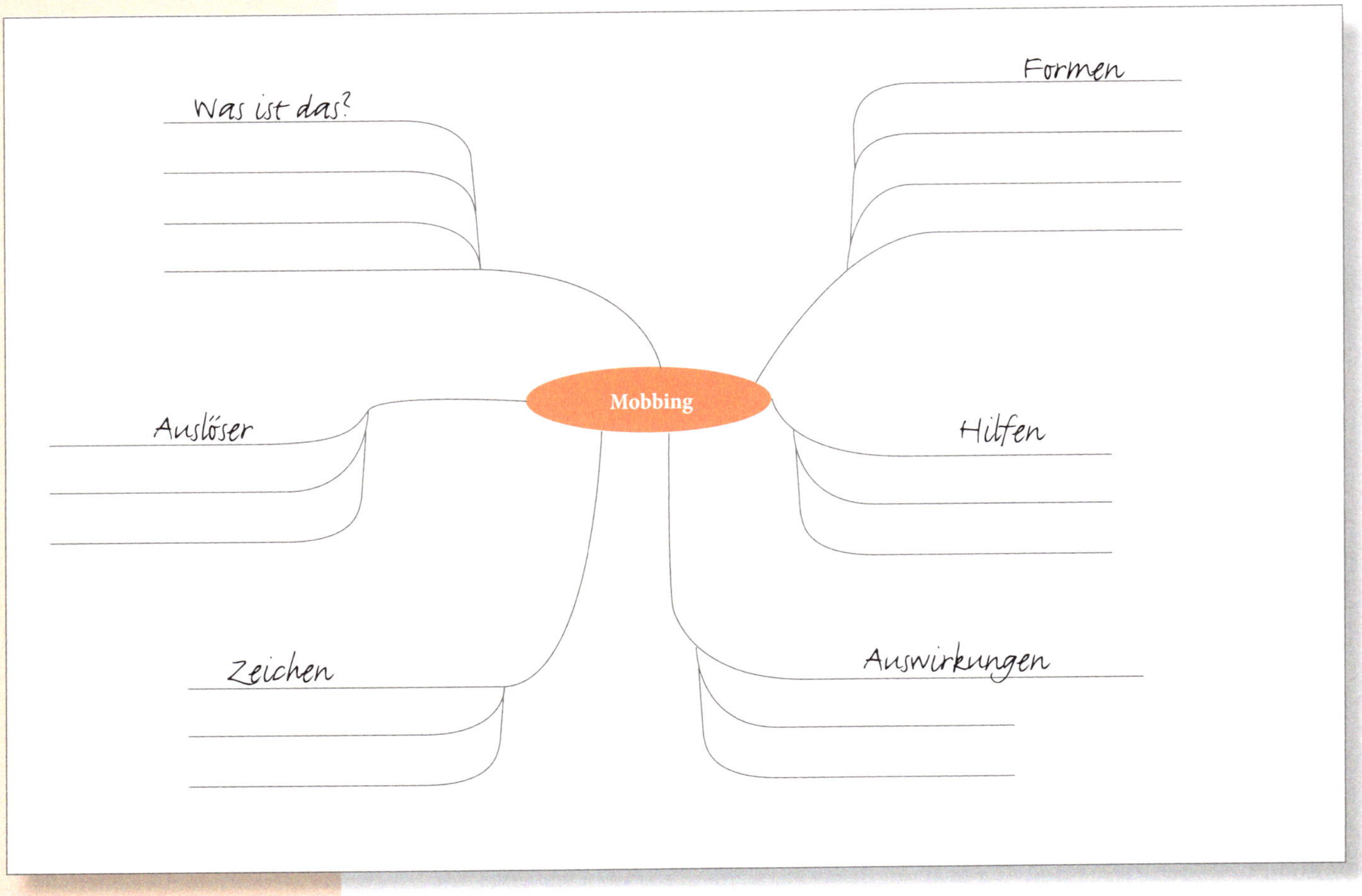

Was ist das?

Formen

Auslöser

Mobbing

Hilfen

Zeichen

Auswirkungen

e) Stellen Sie Ihre Mindmaps in der Klasse vor und diskutieren Sie, ob Sophie ge-mobbt wird. Begründen Sie Ihre Antwort. Sprechen Sie auch über Fragen und Gedanken, die sich aus dem Text ergeben haben.

f) Sammeln Sie in der Klasse mögliche Gründe für das Verhalten von Lena, Jule und den anonymen Beteiligten. Was haben sie davon, so mit Sophie umzu-gehen?

g) Bearbeiten Sie in Einzelarbeit folgende Fragen:
- Inwieweit habe ich selbst schon einmal gemobbt oder mich in irgendeiner Weise daran beteiligt?
- Warum habe ich das gemacht?
- Wie schätze ich dieses Verhalten heute ein?
- Was wünsche ich mir im Umgang mit meinen Mitschülerinnen, insbesondere im Hinblick auf die Kommunikation im Internet und per Handy?
- Was kann ich tun, wenn ich bei anderen erlebe, dass sie Mitschülerinnen mobben?

h) Tauschen Sie sich in der Klasse über Ihre Wünsche aus und notieren Sie diese auf ein Plakat, das Sie in der Klasse aushängen.

i) Was würden Sie Sophie nun raten? Was kann sie tun? Sammeln Sie Ihre Ideen dazu.

Vorgehensweise bei Mobbing ...

j) Notieren Sie in Einzelarbeit: Welche Konsequenzen ziehe ich für meine eigene Internet- und Handynutzung?

Konsequenzen für meine eigene Internet- und Handynutzung ...

Aufgaben für die Praxis

1. a) Nehmen Sie aufmerksam wahr, ob es in Ihrer Praktikumseinrichtung Anzeichen von Mobbing gibt.
   b) Suchen Sie gemeinsam mit Betroffenen Handlungsmöglichkeiten. Erkundigen Sie sich in diesem Zusammenhang, an wen Sie sich in Ihrer Praktikumseinrichtung wenden können.

2. Stellen Sie auf einer Teamsitzung Ihr Mindmap zum Thema Mobbing vor und kommen Sie mit Ihren Kolleginnen darüber ins Gespräch.

3. Beobachten Sie in Ihrer Praktikumseinrichtung den Umgang mit Medien. Kommen Sie über Ihre Beobachtungen mit Ihrer Praxisanleiterin ins Gespräch.

Literaturtipps

Landesverband Bayern und Sachsen der gewerblichen Berufsgenossenschaften: Mobbing – eine unterschätzte Gefahr. Broschüre, 2007

Hauptverband der gewerblichen Berufsgenossenschaften: Schikane, Ärger, Sticheleien – Mobbing am Arbeitsplatz. Informationen und Lehrmaterial für die berufliche Bildung. Universum Verlagsanstalt GmbH KG 2001

www.mobbing.net

www.mobbing.seitenstark.de

www.internet-notruf.de

www.schueler-notruf.de

Bedeutung von Bewegung

Planung und Gestaltung von Bewegungsangeboten

Motorische Entwicklung

Förderung der Motorik

- Ihnen ist die Bedeutung von Bewegungsangeboten für Kinder bewusst. Sie wirken an der Gestaltung von Bewegungsangeboten für Kinder in Kindertagesstätten kreativ mit.
- Sie sind für die Gründe von unterschiedlichen motorischen Fähigkeiten und Fertigkeiten von Kindern sensibilisiert.
- Sie beobachten die Fähigkeiten und Fertigkeiten von Kindern im Hinblick auf Bewegung und unterstützen die Kinder in der Entwicklung dieser Fähigkeiten und Fertigkeiten.
- Sie stärken das Selbstvertrauen der Kinder in ihre motorischen Fähigkeiten und Fertigkeiten.

„An der Sprossenwand hingen manche Kinder wie nasse Säcke"

Die Praktikantin Ramona erzählt:

„Während eines Praktikums in einer Kita arbeitete ich in der Gruppe der 4- bis 5-Jährigen. Alle 14 Tage wurde den Kindern ein Sportnachmittag angeboten. Der erste Sportnachmittag rückte näher und ich hatte das Gefühl, dass sich die Kinder darauf freuten.

In der Sporthalle angekommen, zogen sich die Kinder zunächst mit meiner und der Hilfe meiner Praxisanleiterin die Sportsachen an.

Danach bauten wir einen Parcours für die Kinder auf. Der Parcours enthielt Elemente wie Balancieren, an der Sprossenwand klettern und eine Rolle vorwärts machen. Da ich sah, dass einige Kinder mit den Übungen Schwierigkeiten hatten, griff ich helfend ein. Mir ist dabei aufgefallen, wie unterschiedlich gut sie das konnten. Zum Beispiel beim Balancieren auf einer umgedrehten Langbank hielten einige Kinder meine Hand krampfhaft fest. Andere spazierten ganz locker drüber. An der Sprossenwand hingen manche Kinder wie nasse Säcke, andere kletterten in Windeseile hoch. Am schlimmsten war, als ein Mädchen die Rolle vorwärts machen sollte, sich aber nicht traute. Ich zeigte ihr, wie es geht, aber sie bekam es einfach nicht hin. Ich frage mich echt, woran das liegt. In der Zeitung steht ja ständig, dass die Kinder zu viel fernsehen und Computerspiele machen und sich zu wenig bewegen…"

Arbeitsaufträge

1. Ramona fragt sich, woran es liegt, dass die Kinder so unterschiedliche motorische Fähigkeiten und Fertigkeiten haben.
   Antworten Sie Ramona auf ihre Frage…

2. Ramona ist aufgefallen, dass einige Kinder bei manchen Übungen Schwierigkeiten hatten.
   a) Bearbeiten Sie in Partnerarbeit folgende Aufgaben:
   - Sammeln Sie aus der Handlungssituation alle Beobachtungen, die Ramona gemacht hat. Notieren Sie diese in die erste Spalte der Tabelle.

Ramonas und eigene Beobachtungen	Rechercheergebnis zur Beobachtung

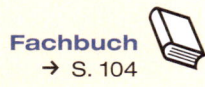
Fachbuch
→ S. 104

- Ergänzen Sie in der ersten Spalte eigene Beobachtungen zu motorischen Fähigkeiten und Fertigkeiten von Kindern.
- Recherchieren Sie im Fachbuch und im Internet zur motorischen Entwicklung im Kindesalter. Beziehen Sie die Ergebnisse auf Ramonas Beobachtungen und auf Ihre eigenen. Notieren Sie Ihr Rechercheergebnis zur jeweiligen Beobachtung in die zweite Spalte der Tabelle.

- Notieren Sie Gründe für unterschiedliche motorische Fähigkeiten und Fertigkeiten von Kindern in der Abbildung. Recherchieren Sie weitere Gründe.

b) Tauschen Sie sich in der Klasse über Ihre Ergebnisse aus. Ergänzen Sie ggf. weitere Gründe für unterschiedliche motorische Fähigkeiten und Fertigkeiten von Kindern in der Abbildung.

3. Ramona erzählt: „Danach bauten wir einen Parcours für die Kinder auf."
   a) Klären Sie in einer Kleingruppe, was ein „Parcours" ist.

b) Überlegen Sie, welchen Einfluss Bewegung auf Kinder hat. Erstellen Sie ein **Mindmap** dazu.

Mindmap
→ S. 190

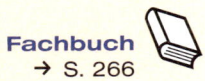

Fachbuch
→ S. 266

c) Erstellen Sie mit Hilfe des **Fachbuches** Karteikarten zu Bewegungselementen für einen Parcours für Kinder unterschiedlichen Alters. Notieren Sie jeweils, welche Fähigkeiten und Fertigkeiten durch die Bewegungselemente besonders gefördert werden.

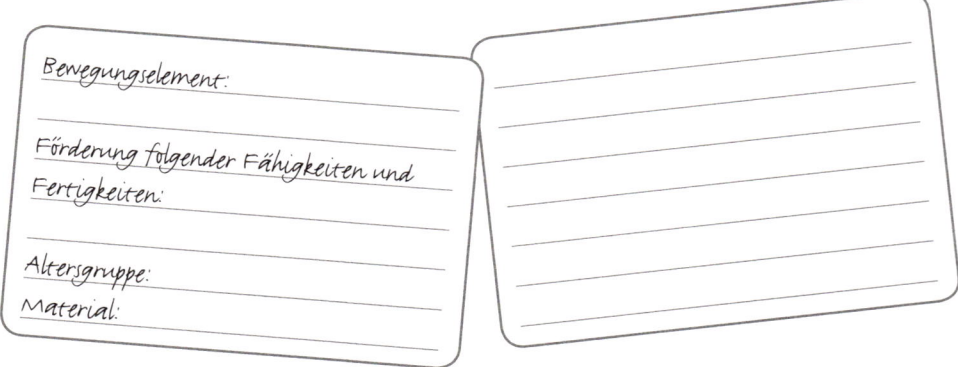

d) Zeichnen Sie auf einem Plakat einen Parcours auf. Wählen Sie eine Altersgruppe aus.

e) Führen Sie den Parcours ggf. mit Ihrer Klasse durch. Tauschen Sie sich anschließend über Ihre Eindrücke aus.

4. Ramona erzählt: „Am schlimmsten war, als ein Mädchen die Rolle vorwärts machen sollte, sich aber nicht traute."
   a) Überlegen Sie in Kleingruppen mögliche Gründe dafür, warum sich das Mädchen nicht traut.

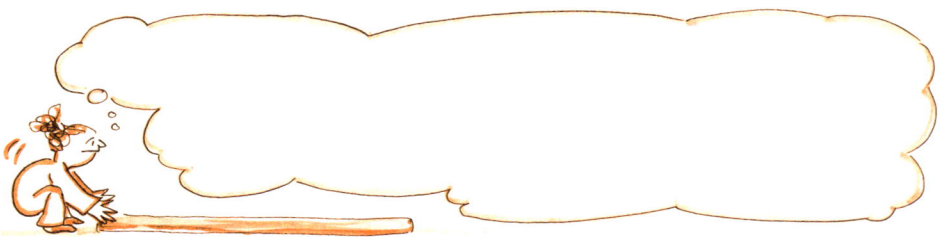

   b) Überdenken Sie Ihre Erfahrungen aus dem Praktikum anhand folgender Fragen:
   - Wie haben die Erzieherinnen die Kinder in der Entwicklung ihrer motorischen Fähigkeiten und Fertigkeiten unterstützt?
   - Wie sind die Erzieherinnen in Ihrer Einrichtung mit Kindern umgegangen, die nicht mitgemacht haben?
   - Welche Reaktionen von Erzieherinnen haben Sie für das Selbstvertrauen der Kinder als förderlich oder hinderlich erlebt?

   c) Erarbeiten Sie ein Rollenspiel dazu, wie Sie das Mädchen bei der Rolle vorwärts unterstützen könnten.

   d) Präsentieren Sie die Rollenspiele in der Klasse und werten Sie sie anhand folgender Fragen aus:
   - Wie haben Sie sich als Mädchen gefühlt?
   - Wie haben Sie sich als Praktikantin gefühlt?
   - Wie haben Sie als Beobachtende die Situation gesehen?

e) Fassen Sie zusammen, welche Möglichkeiten Sie haben, Kinder in der Entwicklung ihrer motorischen Fähigkeiten und Fertigkeiten zu unterstützen.

So kann ich Kinder in der Entwicklung ihrer motorischen Fähigkeiten und Fertigkeiten unterstützen:

Aufgaben für die Praxis

1. Beobachten Sie:
   - Welche Bewegungsangebote gibt es in Ihrer Kindertagesstätte? Wie oft finden sie statt? Wechseln die Bewegungsangebote?
   - Inwieweit ist die Umgebung in Ihrer Kindertagesstätte im Innen- und Außenbereich bewegungsanregend?

   Tauschen Sie sich mit Ihrer Praxisanleiterin über Ihre Beobachtungen aus.

2. Planen Sie mit Ihrer Praxisanleiterin einen Bewegungstag für Ihre Kindergruppe. Verwenden Sie dafür Ihre Karteikarten aus dem Unterricht.
   a) Beobachten Sie drei Kinder während der Übungen. Notieren Sie Unterschiede in den motorischen Fähigkeiten und Fertigkeiten und schätzen Sie diese ein.
   b) Werten Sie den Tag mit Ihrer Praxisanleiterin aus und machen Sie sich Notizen dazu. Bringen Sie diese in die Schule mit und berichten Sie darüber.

3. Erzählen Sie bei einem Elternabend und/oder in der Teamsitzung über den Bewegungstag.

Literaturtipps

Informationen zu Bewegung in der Schule finden Sie unter:
www.aid.de/lernen/gesundheitsfoerderung_bewegung.php

Unter www.kinder-im-gleichgewicht.eu
> Für Kindergärten, Schulen und Gemeinden > Kindergärten > Bewegung
finden Sie einen Leitfaden zum bewegungsfreundlichen Kindergarten

Themenschwerpunkte

Umwelt- und kostenbewusste Haushaltsführung

Ekel

Einsatzort Familie

Kompetenzen

- Ihnen sind Bedeutung und Aufgaben des Einsatzfeldes Familienpflege bewusst.
- Sie sind für verschiedene Vorstellungen zur umwelt- und kostenbewussten Haushaltsführung sensibilisiert und vermeiden schnelle Bewertungen Ihnen fremder Sichtweisen.
- Sie wirken an der umwelt- und kostenbewussten Führung eines Haushalts mit und begründen die Vorgehensweisen. Sie berücksichtigen dabei Gewohnheiten und Wünsche der Familien.
- Sie nehmen Ihre eigenen Ekelgefühle wahr und leiten Konsequenzen für Ihr Handeln ab.

Handlungssituation

„Diese Familie hat den totalen Öko-Tick!"

Nicole erzählt ihrer Freundin aus ihrem Praktikum:

„Zurzeit arbeite ich in der ambulanten Familienpflege. Wir übernehmen u. a. hauswirtschaftliche Tätigkeiten, z. B. wenn die Mütter krank sind.

Ich bin jetzt in einer Öko-Familie gelandet. Diese Familie hat drei Kinder: zwei Mädchen, Zwillinge, neun Monate alt, und einen Jungen, vier Jahre alt. Weil die Mutter sich den Arm gebrochen hat, bin ich jetzt dort eingesetzt.

Die Familie hat den totalen Öko-Tick! Zum Beispiel das Einräumen des Geschirrspülers: Daraus machen die eine Wissenschaft. Die tiefen Teller müssen zusammen stehen und die flachen, damit die Maschine möglichst vollgepackt werden kann. Was für ein Theater – man kann den Geschirrspüler doch einfach mal anstellen, dafür ist er ja schließlich da!

Dann sagt die Frau zu mir, dass ich zu viel Putzmittel verbrauche – das sei teuer und umweltschädlich. Ich finde das aber besser so, weil dann das Haus so schön frisch riecht, und außerdem ist eine Flasche Putzmittel doch wirklich nicht teuer. Aber das Schärfste ist: Die waschen sogar die Windeln von den Zwillingen! Da wird ein Fließ reingelegt, damit „das Grobe" dann anschließend herausgenommen und in den Müll geworfen werden kann. Die schmutzigen Stoffwindeln werden in einem Eimer gesammelt und gewaschen. Der Vater hat ausgerechnet, dass das insgesamt billiger sei und weniger Müll mache. Ich finde das total ekelig! Das ist doch echt total übertrieben! Ist das überhaupt meine Aufgabe?

Na ja, ich höre mir das dann immer schön an und versuche, es so zu machen, wie die das haben wollen, aber insgeheim, finde ich, haben die echt einen Knall!"

1. Nicole berichtet, dass sie zurzeit in der ambulanten Familienpflege eingesetzt ist. Sie fragt sich, ob es ihre Aufgabe ist, Windeln zu waschen.

    a) Bearbeiten Sie folgende Aufgaben in Kleingruppen:

    - Sammeln Sie aus der Handlungssituation alle Aufgaben, die Nicole übernimmt.

    - Suchen Sie in der Handlungssituation die Gründe, warum eine Familienpflegerin in der Familie eingesetzt worden ist.

    - Gestalten Sie eine Informationsbroschüre zum Thema „Familienpflege".
      Gehen Sie dabei auf folgende Fragen ein:
        - In welchen Situationen kann Familienpflege beantragt werden?
        - Wer bietet Familienpflege an?
        - Wer leistet die Familienpflege?
        - Was leistet die Familienpflege?
        - Wer trägt die Kosten für die Familienpflege?
    Nutzen Sie für Ihre Recherche das Internet.

    b) Stellen Sie Ihre Informationsbroschüre in der Klasse vor. Vergleichen Sie Ihre Ergebnisse und ergänzen Sie gegebenenfalls.

    c) Leiten Sie aus Ihren Ergebnissen zentrale Zielsetzungen der ambulanten Familienpflege bei der Familie, in der Nicole arbeitet, ab.

    d) Beantworten Sie Nicoles Frage, ob das Waschen der Stoffwindeln zu ihren Aufgaben gehört. Begründen Sie Ihre Meinung.

2. Nicole erzählt über die Familie: „Ich bin in einer Öko-Familie gelandet", „diese Familie hat den totalen Öko-Tick!" und „die haben echt einen Knall!"

a) Wie finden Sie diese Äußerungen? Schreiben Sie in Einzelarbeit Ihre spontanen Gedanken dazu auf.

b) Markieren Sie auf der Skala, ob die Bezeichnung „Öko-Familie" für Sie eher eine positive oder eine negative Bedeutung hat.

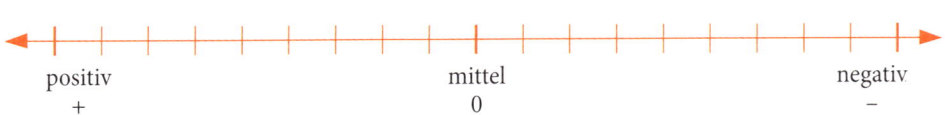

positiv   mittel   negativ
  +   0   −

c) Welche Vorstellungen haben Sie zur Bezeichnung „Öko-Familie"? Malen Sie ein Bild dazu.

d) Stellen Sie Ihre Bilder im Klassenraum aus. Erklären Sie sich gegenseitig Ihre Gedanken dazu. Diskutieren Sie anschließend in der Klasse folgende Fragen:
- Was kommt in den Bildern zum Ausdruck?
- Wo kommt das her?
- Welche „Öko-Ticks" können Sie nachvollziehen und welche eher nicht? Begründen Sie Ihre Meinung.

138

3. Die Familie in der Handlungssituation hat bestimmte Gewohnheiten und Wünsche in Bezug auf die Haushaltsführung.

a) Sammeln Sie in Einzelarbeit folgende Informationen aus der Handlungssituation und notieren Sie in die erste und zweite Spalte der Tabelle:
- die Gewohnheiten und Wünsche der Familie zur Haushaltsführung und deren Begründungen dafür,
- die Sichtweisen von Nicole.

Notieren Sie Ihre Einschätzung dazu in die dritte Spalte der Tabelle.

Gewohnheiten/Wünsche und Begründungen der Familie	Sichtweisen und Begründungen von Nicole	Eigene Einschätzung
Geschirrspüler vollpacken		

b) Überdenken Sie, was Ihnen persönlich an einer umwelt- und kostenbewussten Haushaltsführung wichtig ist.

c) Tauschen Sie sich in Kleingruppen über Ihre Ergebnisse aus 3a und 3b aus.
- Können Sie unterschiedliche Sichtweisen und Vorlieben in Ihrer Gruppe wahrnehmen?
- Überdenken Sie: Woher kommen die Unterschiede?

d) Lesen Sie den folgenden Text.

Putzmittel: Viel hilft nicht viel beim Großreinemachen

Eine Milliarde Euro geben die Deutschen jährlich für Hausputzmittel aus. Oft werden mehr Putzmittel verwendet als nötig.

Der BUND rät zu einer sparsamen Dosierung. Mit viel Putzmittel schäumt und duftet es zwar mehr, aber sauberer wird es nicht. Im Gegenteil, die Wirkung kann sogar nachlassen, wenn das Spül- oder Putzwasser zu stark schäumt, da sich das Putzmittel dann an der Oberfläche sammelt und die Fettlösekraft vermindert wird. Das Reinigungsmittel sollte immer erst am Ende zugegeben und die Dosierungsanleitung der Hersteller beachtet werden. Oft reichen schon 2 bis 3 Tropfen für mehrere Liter Wasser.
Die in Reinigungsmitteln enthaltenen Chemikalien können die Umwelt und auch die menschliche Gesundheit belasten. Desinfektionsmittel enthalten oft ganze Cocktails an Substanzen, die Allergien und Hautreizungen auslösen können. […]

Je spezieller ein Reinigungsmittel, desto schädlicher ist es. Ein Allzweckreiniger, möglichst unparfümiert und ohne Konservierungsstoffe, und ein Essig- oder Zitronenreiniger reichen meist aus und können auch schädliche WC-Reiniger ersetzen. […]
Wird Geschirr in der Maschine gespült, fehlt die mechanische Reinigungskraft der Hände. Deswegen sind Spülmaschinenreiniger besonders aggressiv und enthalten das in Waschmitteln schon lange verbannte gewässerschädigende Phosphat. […]
Die Verwendung von Mikrofasertüchern oder anderen Putztüchern mit pelziger Oberfläche reduziert den Putzmittelverbrauch weiter.
Antibakterielle Mittel sind im Haushalt überflüssig, da fast alle Haushaltsbakterien harmlos sind. Ihr Einwirken auf den menschlichen Organismus stärkt sogar seine Abwehrkräfte. In antibakteriellen Produkten ist dagegen oft das besonders umweltschädliche Biogift Triclosan enthalten. Diese Chemikalie kann auch Allergien auslösen und zur Zerstörung der schützenden Hautflora führen.

Quelle: Bund für Umwelt und Naturschutz Deutschland: BUND.net Stand: Mai 2007 (Download am 15. März 2009)

---

e) Sammeln Sie alle Argumente im Text, die für einen sparsamen Gebrauch von Putzmitteln sprechen und die dafür sprechen, den Geschirrspüler möglichst vollzupacken.

f) Tauschen Sie sich in der Klasse über Ihre Ergebnisse aus 3 c) und 3 e) aus.

g) Überlegen Sie, wie Sie die Gewohnheiten und Wünsche der Familie erfassen können. Beziehen Sie Erfahrungen aus Ihren Praktika mit ein. Notieren Sie Ihre Überlegungen in die Abbildung.

So erfasse ich Gewohnheiten und Wünsche einer Familie ...

4. Nicole sagt, dass sie sich die Ansichten und Argumente der Eltern „immer schön" anhört und versucht, „es so zu machen, wie die das haben wollen", aber eigentlich hat sie selbst eine andere Meinung.

a) Tauschen Sie sich in einer Kleingruppe über folgende Fragen aus:
- Welche Situationen haben Sie selbst erlebt, in denen Sie die Sichtweisen von Personen nicht geteilt, sich aber dennoch danach gerichtet haben?
- Wie haben Sie sich genau verhalten, was haben Sie gedacht?
- Warum haben Sie sich so verhalten?

b) Diskutieren Sie folgende Fragen:
- Wie finden Sie das Verhalten von Nicole?
- Warum verhält sich Nicole vermutlich so?
- Was wird von Nicole in ihrer Rolle als Praktikantin erwartet?
- Was wird nicht von ihr erwartet?
- Wie würden Sie sich an Nicoles Stelle verhalten?

c) Tauschen Sie sich nun in der Klasse über Ihre Diskussionsergebnisse aus.

5. Der Vater in der Handlungssituation hat ausgerechnet, dass das Benutzen von Stoffwindeln insgesamt billiger sei und weniger Müll mache.

   a) Überlegen Sie in der Kleingruppe, welche Aspekte für eine solche Rechnung berücksichtigt werden müssen.

Stoffwindeln:

Wasserverbrauch, Strom für die Waschmaschine

_____

_____

_____

Einwegwindeln:

Windelpreis, Müllentsorgung

_____

_____

_____

_____

   b) Recherchieren Sie im Internet Artikel oder Zeitungsmeldungen dazu. Vergleichen Sie die Aspekte, die in die Rechnungen bzw. Überlegungen einbezogen wurden. Kommen Sie zur selben Einschätzung wie der Vater?

   c) Präsentieren und diskutieren Sie Ihre Ergebnisse in der Klasse.

6. Nicole beschreibt, dass sie das Sammeln und Waschen der Stoffwindeln „total ekelig" findet.

   a) Überlegen Sie in Einzelarbeit:

   • Was genau könnte in dieser Situation den Ekel bei Nicole ausgelöst haben?

   • Haben Sie schon einmal in einem fremden Haushalt Ekel empfunden? Wovor genau? Was haben Sie gemacht?

b) Tauschen Sie sich in der Klasse über Ihre Erlebnisse aus. Überlegen Sie: Welche Tipps könnten Sie Nicole für ihren Umgang mit Ekel in einem fremden Haushalt geben?

Tipps zum Umgang mit Ekel

7. Betrachten Sie in Einzelarbeit noch einmal das Barometer aus der Aufgabe 2 c und markieren Sie erneut, welche Bedeutung der Begriff „Öko-Familie" für Sie hat.

Aufgaben für die Praxis

1. a) Kommen Sie mit Ihrer Praxisanleiterin im Familienpflegepraktikum über folgende Fragen ins Gespräch:
    - In welcher Weise werden bestimmte Wünsche und Gewohnheiten der Familien in Bezug auf die Haushaltsführung erfasst?
    - Werden Absprachen getroffen, wie die Zusammenarbeit von Familie und Familienpflegerin geschehen soll?
    - Werden diese Absprachen dokumentiert?
    - Welche Wünsche und Gewohnheiten können nicht berücksichtigt werden? Warum nicht?

    b) Kommen Sie auch mit einer betroffenen Familie ins Gespräch:
    - Wie empfinden Sie die Hilfe durch die Familienpflegerin?
    - Werden die Wünsche und Gewohnheiten zur Haushaltsführung hinreichend berücksichtigt?
    - Gab es Situationen, in denen die Familienpflegerin hauswirtschaftliche Verrichtungen nicht im Sinne der Familie erledigt hat? Welche Gründe gab es dafür?

2. Beobachten Sie im Familienpflegepraktikum, wie die Familie den Haushalt im Hinblick auf Umwelt und Kosten führt. Unterbreiten Sie der Familie ggf. Vorschläge zur umwelt- und kostenbewussteren Haushaltsführung.

3. Nehmen Sie Situationen in Ihrem Praktikum, in denen Sie Ekel empfunden haben, aufmerksam wahr. Kommen Sie darüber mit Ihrer Praxisanleiterin ins Gespräch und überlegen Sie Konsequenzen für Ihr weiteres Handeln.

Literaturtipps

www.naturwindeln.de/umwelt.php
Vielfältige Informationen zur Umweltdiskussion in Bezug auf Stoff- und Einmalwindeln. Die Autorin bezeichnet die Website als rein privates Freizeitprojekt zur Eltern-zu-Eltern-Hilfe.

www.nabu.de
Der Naturschutzbund Deutschland e.V. ist einer der größten anerkannten Naturschutzverbände in Deutschland.

www.bund.net
Der Bund für Umwelt und Naturschutz e.V. ist eine deutsche nicht-staatliche Umweltschutzgemeinschaft.

Formen von Familie

Gestaltung des kindlichen Umfeldes und des Tagesablaufs

Angebote für Kinder unter drei Jahren

- Sie nehmen aufmerksam verschiedene Faktoren wahr, die Einfluss auf die Erziehungsgestaltung von Familien haben, und leiten daraus Konsequenzen für Ihr Handeln ab.
- Sie wirken bei der Beratung von Eltern zu einer kindgemäßen Tagesgestaltung mit.
- Sie achten auf eine gesundheits- und entwicklungsfördernde Gestaltung des Umfeldes von Kindern unter drei Jahren.
- Sie setzen Angebote zur Tages- und Umfeldgestaltung für Kinder unter drei Jahren mit Eltern und Kolleginnen um.

„Das Kind muss doch an Reizüberflutung zu Grunde gehen"

Angelika berichtet ihren Mitschülerinnen:

„Letztens habe ich meine Bekannte Mandy besucht, mit der ich bis vor ein paar Jahren oft tanzen war. Diese hat mittlerweile einen Sohn, Rafael, der acht Monate alt ist und den sie alleine großzieht. Dass Mandy nicht gerade besonders gebildet ist, wusste ich ja, aber als ich sah, dass dort die ganze Zeit der Fernseher lief und die Wohnung total vermüllt war, blieb mir doch ein komisches Gefühl. Wir hatten uns jahrelang nicht gesehen, und ich musste sie erst bitten, die Kiste auszumachen. Das tat sie dann auch.

Auf meine Bemerkung, dass Babys und kleine Kinder eigentlich noch gar nicht fernsehen sollten, fiel ihr fast die Kinnlade runter, und sie meinte, sie würde den Fernseher immer morgens um 6 Uhr einschalten und nachts um 24 Uhr aus.

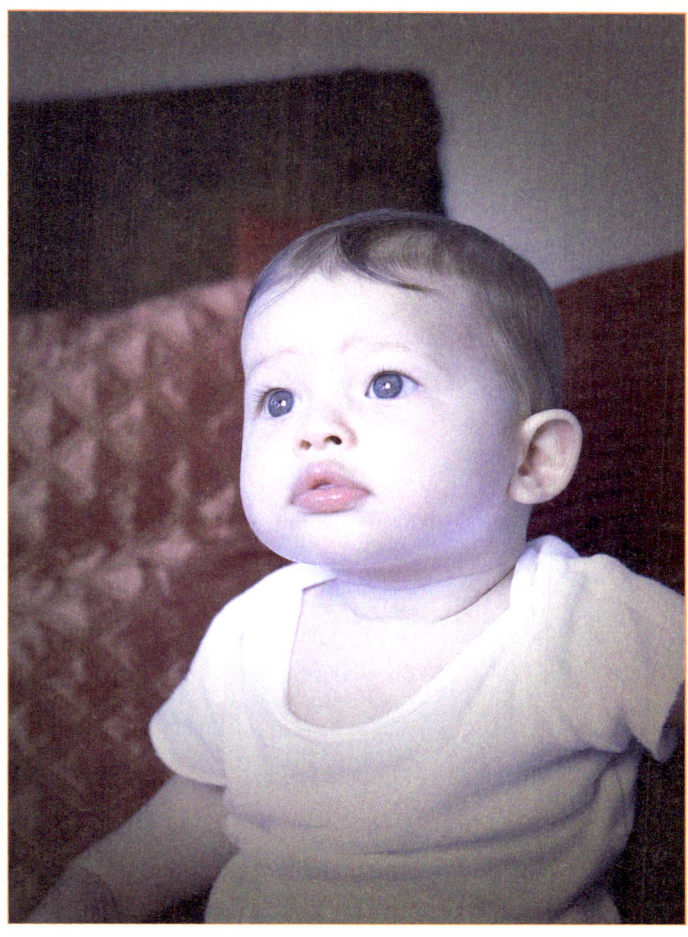

Der Kleine lag direkt davor im Laufstall, um ihn rum jede Menge Kram und auch Müll. Es lief eine der Talkshows, wo sich irgendwelche Leute aufs primitivste anschreien. Das Kind muss doch an Reizüberflutung zu Grunde gehen.

Aber ich bin hin und her gerissen. Sie langweilt sich sicher auch und hat nie gelernt, ihre Zeit sinnvoller zu verbringen als bei laufendem Fernseher. Ich fürchte, selbst wenn sie es theoretisch verstehen würde, wüsste sie eventuell gar nicht, wie sie ihren Tag anders strukturieren soll. Der arme Kleine…"

Arbeitsaufträge

1. Angelika blieb nach dem Besuch bei Mandy „ein komisches Gefühl" und sie sagt: „Der arme Kleine..."

   a) Warum hat Angelika vermutlich das „komische Gefühl" und sagt „Der arme Kleine..."?
   Überlegen Sie in Einzelarbeit, ob Sie die Einschätzung von Angelika teilen, und begründen Sie Ihre Einschätzung.

   Ich habe ein komisches Gefühl, weil...

   _____

   _____

   _____

   b) Tauschen Sie sich in Partnerarbeit über Ihre Einschätzung und Ihre Begründung aus und ergänzen Sie ggf. Ihre Eintragungen.

2. Angelika sieht nach langer Zeit ihre Bekannte Mandy wieder, die jetzt alleinerziehende Mutter ist.
   a) Überlegen Sie in Partnerarbeit, wie Mandy ihre Lebenssituation beschreiben würde. Schreiben Sie dazu einen fiktiven Brief an Angelika. Berücksichtigen Sie z. B. folgende Aspekte: finanzielle Situation, Alltag, emotionale Situation, soziale Beziehungen.

   Liebe Angelika,

   heute Morgen war der Kleine wieder sehr früh wach ......

   _____

   _____

   _____

   _____

   _____

   _____

   _____

   _____

   Ich hoffe, wir können uns bald mal wieder treffen,
   Deine Mandy

   b) Lesen Sie Ihre Briefe in der Klasse vor und lassen Sie deren Inhalt jeweils auf sich wirken.

   c) Tauschen Sie sich in der Klasse darüber aus, was das Besondere an der Lebenssituation von Alleinerziehenden ist.

d) Sammeln Sie in der Klasse verschiedene Formen von Familie (als „Ort, an dem Kinder leben"), die Sie kennen gelernt haben. Notieren Sie jede Familienform auf eine Moderationskarte.

Alleinerziehende Eltern
Besondere Situation:

Bilden Sie Kleingruppen zu je einer Familienform und informieren Sie sich über das jeweils Besondere dieser Form. Nutzen Sie dazu das **Fachbuch** und weitere Quellen. Gestalten Sie zu Ihren Ergebnissen eine **Collage**.

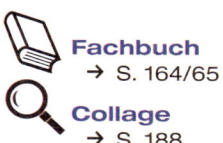

Fachbuch
→ S. 164/65
Collage
→ S. 188

e) Stellen Sie sich Ihre Collagen in der Klasse vor und notieren Sie die Ergebnisse aller Gruppen in die Tabelle.

Orte, an denen Kinder leben / Formen von Familie	Wer gehört dazu?	Was ist besonders?

f) Vergleichen Sie nochmals alle Familienformen mit der Lebenssituation von Mandy. Stellen Sie gegebenenfalls noch neue Aspekte heraus.

3. Angelika erzählt einiges über die Gestaltung des häuslichen Umfelds, in dem Mandy mit Rafael lebt, und deren Tagesstruktur.

   a) Überlegen Sie in Einzelarbeit: Was erfahren Sie über die Gestaltung des häuslichen Umfelds und die Tagesstruktur von Mandy und Rafael? Tragen Sie die Punkte in die linke Spalte der Tabelle ein.

So leben Mandy und Rafael…	Auswirkungen…

   b) Sammeln Sie Ihre Ergebnisse in der Klasse und überlegen Sie gemeinsam, wie sich die einzelnen Aspekte auf Rafael vermutlich auswirken.
   Tragen Sie Ihre Ergebnisse in die rechte Spalte der Tabelle ein.

Fachbuch
→ S. 294–298,
   354/355

   c) Überprüfen Sie Ihre gesammelten Auswirkungen mit Hilfe des **Fachbuchs** und weiterer Quellen. Ergänzen und korrigieren Sie gegebenenfalls Ihre Notizen.

   d) Tauschen Sie sich in der Klasse zu folgenden Fragen aus:
   • Was könnte im häuslichen Umfeld und in der Tagesgestaltung von Mandy und Rafael verändert werden?
   • Welche Tipps würden Sie Mandy an Angelikas Stelle jetzt gerne geben?

   e) Wie könnte Angelika Mandy die Veränderungsmöglichkeiten nahebringen? Bereiten Sie in Kleingruppen je ein Rollenspiel zu diesem Thema vor.

f) Präsentieren Sie die **Rollenspiele** in der Klasse und werten Sie diese anhand der folgenden Fragen aus:

Rollenspiel
→ S. 192/194

- Wie haben Sie sich in der Rolle von Angelika gefühlt? Was haben Sie gedacht?
- Wie haben Sie sich in der Rolle von Mandy gefühlt? Was haben Sie gedacht?
- Wo hatten Sie mit Ihrer Rolle Schwierigkeiten bzw. was machte die Rolle einfach?
- Was haben Sie als Beobachterin gefühlt und gedacht?
- Welche Aussagen haben Sie als Beobachterin (gut) nachvollziehen können? Was würden Sie anders machen?

4. Angelika ist der Meinung, dass Mandy vielleicht gar nicht gelernt hat, „ihre Zeit sinnvoll zu verbringen" und ihren Tag entsprechend zu strukturieren.

a) Überlegen Sie in Einzelarbeit, wie Angelika zu dieser Aussage kommen könnte. Machen Sie sich dazu Notizen:

b) Tauschen Sie sich in Kleingruppen über Ihre Ergebnisse und eigenen Erfahrungen mit Hilfe der folgenden Fragen aus:
- Was sind für Sie persönlich „sinnvolle" Beschäftigungen?

- Wie sieht Ihre eigene Tagesstruktur aus?

- Welche Erfahrungen von Mandy könnten dazu geführt haben, dass sie sich nicht „sinnvoll" beschäftigen kann bzw. ihren Tag nicht entsprechend strukturiert?

- Wie wirkt sich das Verhalten von Mandy auf Rafael aus?

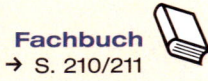

Fachbuch
→ S. 210/211

c) Planen Sie mit Hilfe des **Fachbuchs** in Kleingruppen ein Angebot für ein Kind bzw. eine Kindergruppe im Alter unter drei Jahren aus verschiedenen Themenbereichen, z. B. Kreativität, Bewegung, Sprache.
- Sammeln Sie zunächst eigene Ideen.
- Nutzen Sie nun das Planungsraster und tragen Sie Ihre Planung ein.

Angebotsplanung

Thema:

Voraussetzungen:

Ziel:

Zeit:

Methoden:

Materialien/Medien:

Organisatorisches:

- Markieren Sie, wo Sie ggf. Unterstützung von Eltern oder Kolleginnen brauchen. Präsentieren Sie Ihre Ergebnisse in der Klasse und überlegen Sie gemeinsam, ob man das Angebot auch Mandy und Rafael unterbreiten könnte.

5. Angelika ist der Meinung, dass „Babys und kleine Kinder eigentlich noch gar nicht fernsehen sollten".
   a) Überlegen Sie in Einzelarbeit, ob Sie diese Meinung teilen. Begründen Sie Ihre Einschätzung.

Fernsehkonsum von Babys und Kleinkindern finde ich....

weil....

Fachbuch
→ S. 271/272

b) Recherchieren Sie im **Fachbuch** und anderen Quellen zum Thema „Mediennutzung von Kleinkindern".

c) Tauschen Sie sich in der Klasse über folgende Fragen aus:
- Was sind Medien?
- Wie kann man Medien bei der Arbeit mit Kindern unterschiedlichen Alters sinnvoll einsetzen?
- Welche Chancen und Risiken birgt die Mediennutzung von Kindern?

d) Überprüfen Sie noch einmal Ihre Eintragungen aus 5 a) und korrigieren bzw. ergänzen Sie sie gegebenenfalls.

Aufgaben für die Praxis

1. Informieren Sie sich, welche Angebote für Kinder unter drei Jahren es in Ihrer Praxiseinrichtung gibt. Tauschen Sie sich mit Ihrer Praxisanleiterin darüber aus, worauf die Angebote abzielen.

2. Führen Sie ein Angebot mit einem Kind oder einer Kindergruppe unter drei Jahren über einen Zeitraum von 14 Tagen durch, indem Sie
- eine Planung aufstellen,
- Ihre Erfahrungen bei der Durchführung des Angebotes aufschreiben,
- nach der Durchführung mit Ihrer Praxisanleiterin über Ihre Erfahrungen sprechen und das Angebot auswerten.
  Machen Sie sich zu allen Phasen Notizen und bringen Sie diese in die Schule mit, um den anderen davon zu berichten.

3. Kommen Sie mit Eltern von Kindern unter drei Jahren zu folgenden Fragen ins Gespräch:
- Was ist Ihnen am gemeinsamen Alltag mit Ihren Kindern besonders wichtig?
- Welche Aktivitäten unternehmen Sie mit den Kindern gemeinsam?
- Welche Rolle spielen Medien in der Tagesgestaltung mit den Kindern?
- Was ist Ihnen an der Gestaltung der Wohnsituation mit dem Kleinkind besonders wichtig?
- Wobei wünschen Sie sich Unterstützung?
- Bringen Sie Ihre Ergebnisse mit in die Schule und tauschen Sie sich in der Klasse darüber aus.

Literaturtipps

Biermann, I./Wrede, A.: Kleinkinder entdecken ihre Umgebung: Ideen für Krippe, Kita und Tagesmütter. Herder Verlag, 2007

Bostelmann, A.: Praxisbuch Krippenarbeit: Leben und lernen mit Kindern unter 3. Verlag an der Ruhr, 2008

Karsten, H.: Psychologie und Soziologie: 0–3 Jahre: Entwicklungspsychologische Grundlagen. Cornelsen Scriptor, 2. Aufl. 2007

Van Dieken, C.: Was Krippenkinder brauchen: Bildung, Erziehung und Betreuung von Unter-Dreijährigen. Herder Verlag, 2. Aufl. 2009

Von der Beek, A.: Bildungsräume für Kinder von null bis drei. Verlag das Netz, 2006

Themenschwerpunkte

Hautbeobachtung

Parasitenbefall

Hygiene

Kompetenzen

- Ihnen sind die Übertragungswege von Läusen bewusst. Sie untersuchen die Kinder auf Läusebefall und schätzen Ihre Beobachtungen ein.
- Sie informieren Eltern über Maßnahmen gegen Läuse.
- Sie wirken an der Umsetzung von Hygieneplänen in Ihren Praktikumseinrichtungen mit.
- Sie sind für den Umgang mit Kindern, die mit dem Verdacht auf Läusebefall in die Kindertagesstätte kommen, sensibilisiert.
- Sie gehen mit Informationen, die Eltern den Erzieherinnen über ihre Kinder geben, achtsam um.

Handlungssituation

„Krabbelnde Plage"

Die Praktikantin Charlene erzählt:

„Mein drittes Praktikum absolvierte ich in der Kita ,Zwergenburg'.
An einem Morgen kamen die fünfjährige Marie und ihr Vater, Herr Gärtner, in die Kita und gingen direkt auf die Erzieherin Frau Klein zu. Maries Vater erzählte Frau Klein, dass Marie Läuse hatte. ,Die haben wir schon mit diversen Shampoos und Spülungen behandelt. Wir haben den Kopf danach untersucht', sagte der Vater, ,also es sieht nicht so aus, als wären noch Läuse oder Nissen da, aber sicherheitshalber wollte ich noch Bescheid geben'. Einige Stunden später, als alle Kinder da waren, nahm eine andere Praktikantin Marie an die Hand, stellte sich vor die versammelte Kindergruppe und sagte: ,Also, Kinder, die Marie hat Läuse. Geht nicht so nah mit dem Kopf an ihren Kopf, sonst bekommt ihr die auch noch und das ist sehr unangenehm, also Vorsicht!' Marie stand beschämt mit hochrotem Kopf vor den anderen Kindern. Beim Weggehen murmelte die Praktikantin: ,Und ich will die krabbelnde Plage auch nicht auf dem Kopf haben. Die Familie ist so dreckig, kein Wunder, dass Marie Tiere auf dem Kopf hat.'"

1. Charlene erzählt von der Praktikantin, dass sie vor der Kindergruppe sagte: „Also, Kinder, die Marie hat Läuse. Geht nicht so nah mit dem Kopf an ihren Kopf, sonst bekommt ihr die auch noch und das ist sehr unangenehm, also Vorsicht!"
   Was möchten Sie der Praktikantin an Stelle von Charlene spontan sagen?

2. Charlene erzählt von zwei Szenen, die sich in ihrer Kindertagesstätte zugetragen haben.
   a) Notieren Sie in Kleingruppen die Gedanken und Gefühle, die die beteiligten Personen in den zwei Szenen vermutlich bewegen.

b) Tauschen Sie sich über folgende Fragen aus:
- Was kommt in den Gedanken und Gefühlen zum Ausdruck? Was fällt besonders auf?
- Warum fühlt sich Maries Vater vermutlich veranlasst, der Erzieherin Frau Klein die Information über Marie zu geben?
- Was bewegt die Praktikantin vermutlich zu diesen Äußerungen vor den Kindern?
- Wie schätzen Sie das Verhalten der anderen Praktikantin ein?
- Welche Auswirkungen hat das Verhalten der Praktikantin auf Marie?
- Welche Fragen stellen sich Ihnen zur Handlungssituation?

c) Sammeln Sie Ihre Fragen in der Klasse an der Tafel.
Zu einigen Fragen finden Sie im Folgenden Aufgaben, andere können Sie in selbst gewählter Weise bearbeiten.

3. Beim Weggehen murmelt die Praktikantin: „Und ich will die krabbelnde Plage auch nicht auf dem Kopf haben. Die Familie ist so dreckig, kein Wunder, dass sie Tiere auf dem Kopf hat."
   a) Bearbeiten Sie folgende Aufgaben in einer Kleingruppe:
   - Was sagt die Praktikantin zu Übertragungswegen und zum Auftreten von Läusen in der Handlungssituation?
   - Welche Vorstellungen haben Sie selbst dazu?
   - Recherchieren Sie zu Übertragungswegen und zum Auftreten von Läusen im Internet. Notieren Sie Ihre Ergebnisse.

   _____

   _____

   _____

   _____

   - Formulieren Sie vor dem Hintergrund Ihrer Erkenntnisse eine konkrete Reaktion auf das, was die Praktikantin sagt. Notieren Sie diese.

Und ich will die krabbelnde Plage auch nicht auf dem Kopf haben. Die Familie ist so dreckig, kein Wunder, dass sie Tiere auf dem Kopf hat.

Rollenspiel
→ S. 192

b) Probieren Sie die gesammelten Reaktionen in der Klasse in **Rollenspielen** aus.

4. Maries Vater erzählt Frau Klein, dass Marie Läuse hatte und was sie dagegen getan haben.

   a) Was erfahren Sie aus der Handlungssituation über die Zeichen und Behandlungsmöglichkeiten von Kopfläusen? Notieren Sie dies in Einzelarbeit.

Zeichen von Kopfläusen	Behandlungsmöglichkeiten

   b) Überdenken Sie Ihre Erfahrungen aus dem Praktikum anhand folgender Fragen und notieren Sie Ihre Ergebnisse.

   • Wie oft haben Sie einen Läusebefall bei Kindern erlebt? Wie wurde er entdeckt?

   _____

   _____

   • Wie haben die Erzieherinnen die Kinder untersucht?

   _____

   _____

   • Wie hat Ihnen die Erzieherin das Erkennen von Läusen oder Nissen erklärt?

   _____

   _____

   • Welche Maßnahmen wurden eingeleitet? Wie wurde mit Gegenständen umgegangen, mit denen betroffene Kinder eventuell in Kontakt gekommen sind?

   _____

   _____

   • Welche Informationen konnten Sie dem Hygieneplan entnehmen?

   _____

   _____

   • Inwieweit war Ihnen der Umgang mit Kindern, die von Läusen befallen waren, unangenehm? Was haben Sie für Ihren persönlichen Schutz getan?

   _____

   _____

c) Tauschen Sie sich in einer Kleingruppe über Ihre Erfahrungen aus.

d) Bearbeiten Sie weiter folgende Aufgaben:
- Recherchieren Sie im Internet zu Untersuchungs- und Behandlungsmethoden bei Läusebefall, zu Umgangsweisen und Hygienevorschriften. Ergänzen Sie auch Ihre Notizen.
- Erkundigen Sie sich in Apotheken oder bei Kinderärztinnen zu handelsüblichen Präparaten zur Behandlung von Kopfläusen und welche Besonderheiten es bei der Behandlung von Kindern gibt.
- Gestalten Sie eine **Wandzeitung** zum Thema „Läuse in der Kita".

Wandzeitung 🔍
→ S. 194

e) Stellen Sie Ihre Wandzeitung in der Klasse aus und diskutieren Sie noch offene Fragen aus Aufgabe 2.

f) Schreiben Sie abschließend die Situation mit den Kindern so um, wie Sie sie an Stelle von Charlene gestaltet hätten.

Aufgaben für die Praxis

1. Erkunden Sie, ob es in Ihrer Einrichtung einen Hygieneplan gibt und was darin geregelt ist. Kommen Sie mit Ihrer Praxisanleiterin darüber ins Gespräch, welchen Beitrag zur Umsetzung des Hygieneplans Sie leisten können.

2. Befragen Sie Ihre Praxisanleiterin, welche Maßnahmen bei Läusebefall von Kindern in Ihrer Einrichtung eingeleitet werden. Nehmen Sie selbst unter Anleitung Kopfuntersuchungen bei Kindern vor. Beobachten Sie den Umgang mit den betroffenen Kindern und kommen Sie mit Ihrer Praxisanleiterin über Ihre Beobachtungen ins Gespräch.

3. Nehmen Sie die Wandzeitung zum Thema „Läuse in der Kita" mit in Ihre Einrichtung und stellen diese den Eltern und Kolleginnen vor. (Alle Schülerinnen, die die Wandzeitung gemeinsam gestaltet haben, können diese reihum in die Einrichtung mitnehmen.)

4. Kommen Sie mit Ihrer Praxisanleiterin darüber ins Gespräch, wie sie mit Informationen, die Eltern ihr über die Kinder geben, umgeht.

Literaturtipps

Internetseite des Robert-Koch-Institutes:
www.rki.de

www.vitanet.de/lexikon/bundeszentrale-fuer-gesundheitliche-aufklaerung

Gesunde Ernährung

Übergewicht

Planung und Gestaltung von Projekten

- Sie wirken an Projekten in der Kindertagesstätte mit und nehmen aufmerksam wahr, wie die Ergebnisse aufgenommen bzw. weiterverfolgt werden.
- Sie überdenken Ihre eigenen Vorstellungen von gesunder Ernährung.
- Sie sind für Bedeutung, Ursachen und Folgen von Übergewicht bei Kindern sensibilisiert.
- Sie wirken an der Gestaltung von gesunden Mahlzeiten in der Kindertagesstätte mit.
- Sie informieren Eltern und Kinder über gesunde Ernährung.

„Toast mit Schokolade"

Franziska erzählt aus ihrem Praktikum:

„In meiner Kita wird viel Wert auf ein gesundes Frühstück gelegt. Vor einiger Zeit gab es hierzu eine Projektwoche, an der auch einige Eltern teilgenommen haben. Die Ergebnisse davon hängen noch im Flur. Seit der Projektwoche bringen die Kinder ein gesundes Frühstück mit – alle haben viel Obst, Vollkornbrot und Jogurt dabei. Nur Luis hat jeden Tag Toast mit Schokolade oder Marmelade, zwei Schokoriegel und Bonbons mit. Die anderen Kinder finden das nicht gut. Luis' Eltern geben ihm aber immer wieder diese Sachen mit, obwohl er schon übergewichtig ist und die anderen Kinder ihn auch manchmal hänseln. Was also tun, wenn die Eltern nichts Gesundes einpacken?"

Arbeitsaufträge

1. Franziska berichtet, dass Luis jeden Tag Toast mit Schokolade zum Frühstück in die Kindertagesstätte mitbringt.
   a) Notieren Sie in Einzelarbeit, was Sie spontan dazu sagen würden. Notieren Sie auch, welche Gedanken und Gefühle Sie beim Lesen der Handlungssituation bewegen.

Spontan würde ich sagen ...

Meine Gedanken und Gefühle zur Situation:

   b) Tauschen sie sich anschließend in Kleingruppen über Ihre Notizen aus.

   c) Sammeln Sie mögliche Gründe für das Verhalten der Eltern. Notieren Sie Ihre Ergebnisse.

Wir geben Luis Toast mit Schokolade zum Frühstück mit, weil ...

   d) Recherchieren Sie, was zum Thema „süßer Brotaufstrich" in den Medien vermittelt wird.

   e) Tragen Sie Ihre Ergebnisse in der Klasse zusammen.

2. Franziska erzählt, dass in ihrer Kindertagesstätte viel Wert auf „gesundes Frühstück" gelegt wird.

a) Sammeln Sie in Einzelarbeit aus der Handlungssituation, was Sie zum Thema „gesundes Frühstück" erfahren haben, und schreiben Sie es in die Abbildung.

Gesundes Frühstück

b) Überdenken Sie,
- was Sie während Ihrer Kita- oder Schulzeit zum Frühstück mitgebracht haben und welche Vorlieben Sie hatten,
- was die Kinder in Ihrer Praktikumseinrichtung zum Essen mitbringen bzw. mitgebracht haben,
- was in Ihrer Kita angeboten wird bzw. wurde,
- was für Sie heute zu einem schönen Frühstück gehört. Malen Sie, was dazu auf Ihrem Frühstückstisch stehen muss, in die Abbildung.

c) Tauschen Sie sich in Partnerarbeit über Ihre Notizen aus. Nehmen Sie Gemeinsamkeiten und Unterschiede wahr.

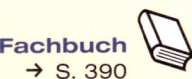

Fachbuch
→ S. 390

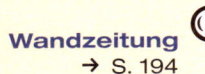

Wandzeitung
→ S. 194

d) Bearbeiten Sie folgende Aufgaben:
- Lesen Sie im **Fachbuch** das Kapitel über die Empfehlungen zur gesunden Ernährung.
- Schätzen Sie ein, inwieweit Ihr Frühstück ein „gesundes Frühstück" ist. Markieren Sie in Ihrer Zeichnung aus 2 b), welche Nahrungsmittel eher „ungesund" sind.
- Schätzen Sie ein, wie gesund das mitgebrachte Essen der Kinder in Ihrer Praktikumseinrichtung ist bzw. war.
- Wie könnte ein „gesundes Frühstück" in der Kita aussehen?

e) Tauschen Sie sich in einer Kleingruppe à drei Paare über Ihre Ergebnisse aus und gestalten Sie eine **Wandzeitung** zum Thema „Gesunde Ernährung" in der Kita.

f) Stellen Sie Ihre Wandzeitung in der Klasse vor. Notieren Sie auf einem Merkblatt wesentliche Bausteine eines gesunden Frühstücks in der Kindereinrichtung.

Zum gesunden Frühstück in der Kindereinrichtung gehört ...

3. Franziska erwähnt, dass Luis übergewichtig ist.
   a) Notieren Sie in der Klasse an der Tafel, wie viel Luis vermutlich wiegt, wenn Franziska sagt, er sei übergewichtig. Gehen Sie dabei von einer bestimmten Körpergröße aus. Halten Sie verschiedene Meinungen fest.

b) Tauschen Sie sich darüber aus, was es für ein Kind bedeutet, übergewichtig zu sein, bzw. welche (körperlichen, sozialen und seelischen) Folgen das haben kann. Notieren Sie Ihre Ergebnisse in die Abbildung. Entnehmen Sie auch aus der Handlungssituation Antworten dazu und überdenken Sie Erfahrungen, die Sie selbst mit übergewichtigen Kindern während Ihres Praktikumseinsatzes gemacht haben.

c) Bearbeiten Sie folgende Fragen in Kleingruppen mit Hilfe des **Fachbuchs**:

 **Fachbuch**
→ S. 402

- Ab wann wird von Übergewicht gesprochen? Wie kann das ermittelt werden?

- Welche Ursachen bzw. Risikofaktoren für Übergewicht bei Kindern gibt es?

- Welche Spätfolgen von Übergewicht können bei Kindern auftreten?

_____
_____
_____
_____

- Welche Ursachen für die Zunahme von Übergewicht bei Kindern in Deutschland gibt es?

_____
_____
_____
_____

- Welche gesamtgesellschaftliche Bedeutung hat diese Zunahme?

_____
_____
_____
_____

- Wie können Ihrer Meinung nach Eltern für das Thema sensibilisiert werden?

_____
_____
_____
_____

d) Tauschen Sie sich über Ihre Ergebnisse in der Klasse aus und ergänzen Sie gegebenenfalls Ihre Notizen.

4. Franziska erzählt, dass es in ihrer Kindertagesstätte eine Projektwoche gab, an der auch Eltern teilgenommen haben. Sie berichtet auch davon, wie die Ergebnisse aufgenommen wurden.
   a) Tauschen Sie sich in Kleingruppen über folgende Fragen aus:
   - Was erfahren Sie aus der Handlungssituation dazu, wie die Ergebnisse des Projekts aufgenommen wurden?
   - Welche Projekte haben Sie selbst schon in Kitas erlebt?
   - Welche Planungs- und Durchführungsschritte der Projekte konnten Sie beobachten?
   - Inwiefern haben die Projekte nachhaltige Wirkungen gezeigt?

Notieren Sie Ihre Ergebnisse in die Tabelle auf der folgenden Seite.

Projekte	Planungsschritte	Durchführungsschritte	Nachhaltige Wirkungen

- Markieren Sie in Ihren Aufzeichnungen, welche Aufgaben Sie bei der Planung und Durchführung der Projekte übernommen haben bzw. übernehmen könnten.

b) Sammeln Sie in der Klasse weitere Projektideen. Überlegen Sie, was Sie schon in der Planungsphase tun können, damit das Projekt eine nachhaltige Wirkung zeigt.

Unsere Projektideen ...

So zeigt das Projekt bestimmt eine Wirkung:

5. Franziska fragt: „Was also tun, wenn die Eltern nichts Gesundes einpacken?"
    Sammeln Sie in der Klasse Handlungsmöglichkeiten für Franziska und für die
    Erzieherinnen in der Kindertagesstätte. Überlegen Sie beispielsweise, wie Sie oder
    die Erzieherinnen mit den Eltern über gesunde Ernährung ins Gespräch kommen
    können. Notieren Sie Ihre Ergebnisse.

Wenn Eltern ihren Kindern nichts Gesundes einpacken, können wir ...

Aufgaben für die Praxis

1. Bereiten Sie gemeinsam mit den Kindern Ihrer Praktikumseinrichtung ein gesundes Frühstück vor. Benutzen Sie die Ideen aus dem Unterricht. Halten Sie die Vorbereitung und Durchführung des Frühstücks mit den Kindern auf Fotos oder in einem Video fest.

2. Stellen Sie Ihre Erfahrungen, die Sie bei der Frühstückszubereitung mit den Kindern gesammelt haben, gemeinsam mit Ihrer Praxisanleiterin auf einem Elternabend vor und stehen Sie den Eltern für Fragen zur Verfügung.

3. Wirken Sie an der Planung und Durchführung von Projekten in Ihrer Kindertagesstätte mit. Nehmen Sie aufmerksam wahr, wie die Ergebnisse aufgenommen bzw. weiterverfolgt werden. Kommen Sie mit Ihrer Praxisanleiterin über Ihre Beobachtungen ins Gespräch.

Literaturtipps

www.wissenundwachsen.de

www.kinder-leicht.net

Lebenssituationen von Familien

Schmerzbeobachtung

Begründung eigener Entscheidungen

Einsatzort Familie

- Sie sind für die Lebenssituation von Familien mit einem Elternteil sensibilisiert. Ihnen ist bewusst, welche Unterstützung Familien erhalten können.
- Sie beobachten das Verhalten von Kindern, die Schmerzen äußern, und nehmen sie ernst. Sie schätzen die Schmerzäußerungen kriteriengeleitet ein und richten Ihr Handeln daran aus.
- Sie begründen Ihre Entscheidungen vor anderen und nehmen die Einwände anderer ernst.
- Sie sind dafür sensibilisiert, auf welche Art und Weise Kinder Ängste zeigen.

„Dann fing Jakob an rumzujammern"

Die 18-jährige Schülerin Conny erzählt ihrer Freundin:

„Im Moment bin ich bei Familie Kramer und helfe da der alleinerziehenden Mutter mit ihrem kleinen Benjamin, der ist gerade mal drei Monate alt. Sie hat auch noch zwei ältere Kinder, Olivia, die ist fünf, und Jakob, der ist neun Jahre alt. Ist schon ganz schön stressig, ich komme morgens zu ihr und mache die Großen fertig für Schule und Kindergarten. Sie ist ja mit dem Baby beschäftigt. Wenn die beiden Großen dann gemeinsam gegangen sind, wird es etwas ruhiger. Spazieren gehen mit dem Kleinen, die Wohnung putzen, Wäsche waschen und den ganzen anderen Kram erledige ich dann.

Gestern war echt ein blöder Tag. Da kam ich etwas früher, weil Frau Kramer mit Benjamin zum Kinderarzt musste. Sie sagte, es könne drei bis vier Stunden dauern. Da ging der Stress los: Erst einmal haben Olivia und Jakob sich mächtig gestritten. Dann fing Jakob an rumzujammern, dass er Bauchschmerzen habe und nicht zur Schule gehen könne. Er krümmte sich und verzog das Gesicht. Ich war total unsicher, was ich tun sollte. Schließlich steckte ich ihn mit einer Wärmflasche ins Bett. Und so musste Olivia dann auch zu Hause bleiben, weil sie nicht allein zum Kindergarten gehen darf. Jakob ging es im Laufe des Vormittages immer besser. Als Frau Kramer wiederkam, fragte sie verärgert: ‚Was ist denn hier los?' Sie meinte, Jakob hätte das mit den Bauchschmerzen sicher nur gespielt, weil er Angst vor der Mathearbeit hat. Ich war mir da nicht so sicher."

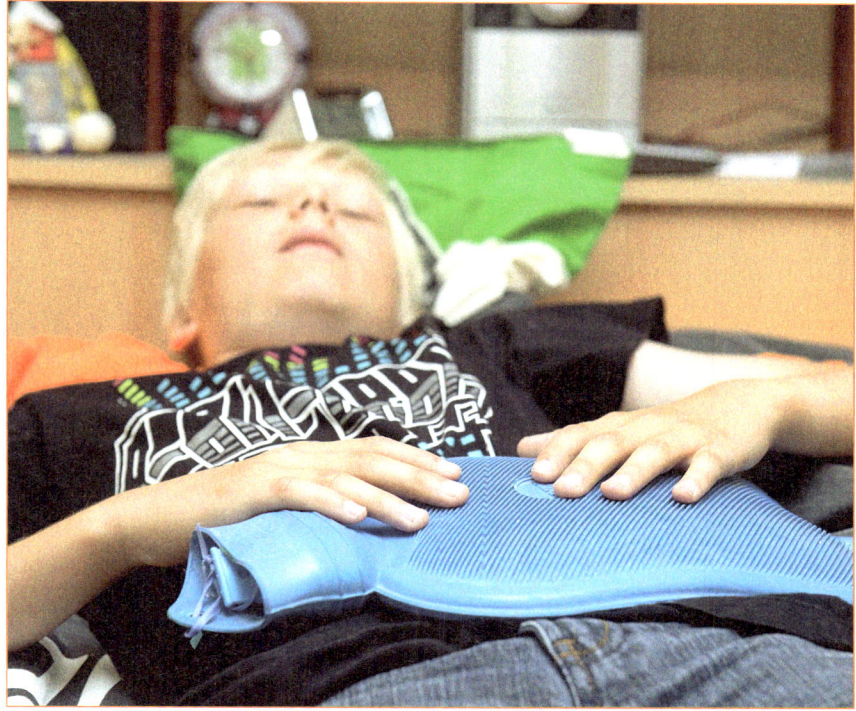

Arbeitsaufträge

1. Als Frau Kramer wiederkam, fragte sie verärgert: „Was ist denn hier los?" Sie meinte, Jakob hätte das mit den Bauchschmerzen sicher nur gespielt.
   Was würden Sie der Mutter an Stelle von Conny spontan antworten? Notieren Sie Ihre Antwort in Einzelarbeit.

2. Frau Kramer lebt mit ihren drei Kindern allein.
   a) Wie sieht die Lebenssituation von Frau Kramer und ihren drei Kindern vermutlich aus?
   Notieren Sie Ihre Überlegungen in Partnerarbeit.

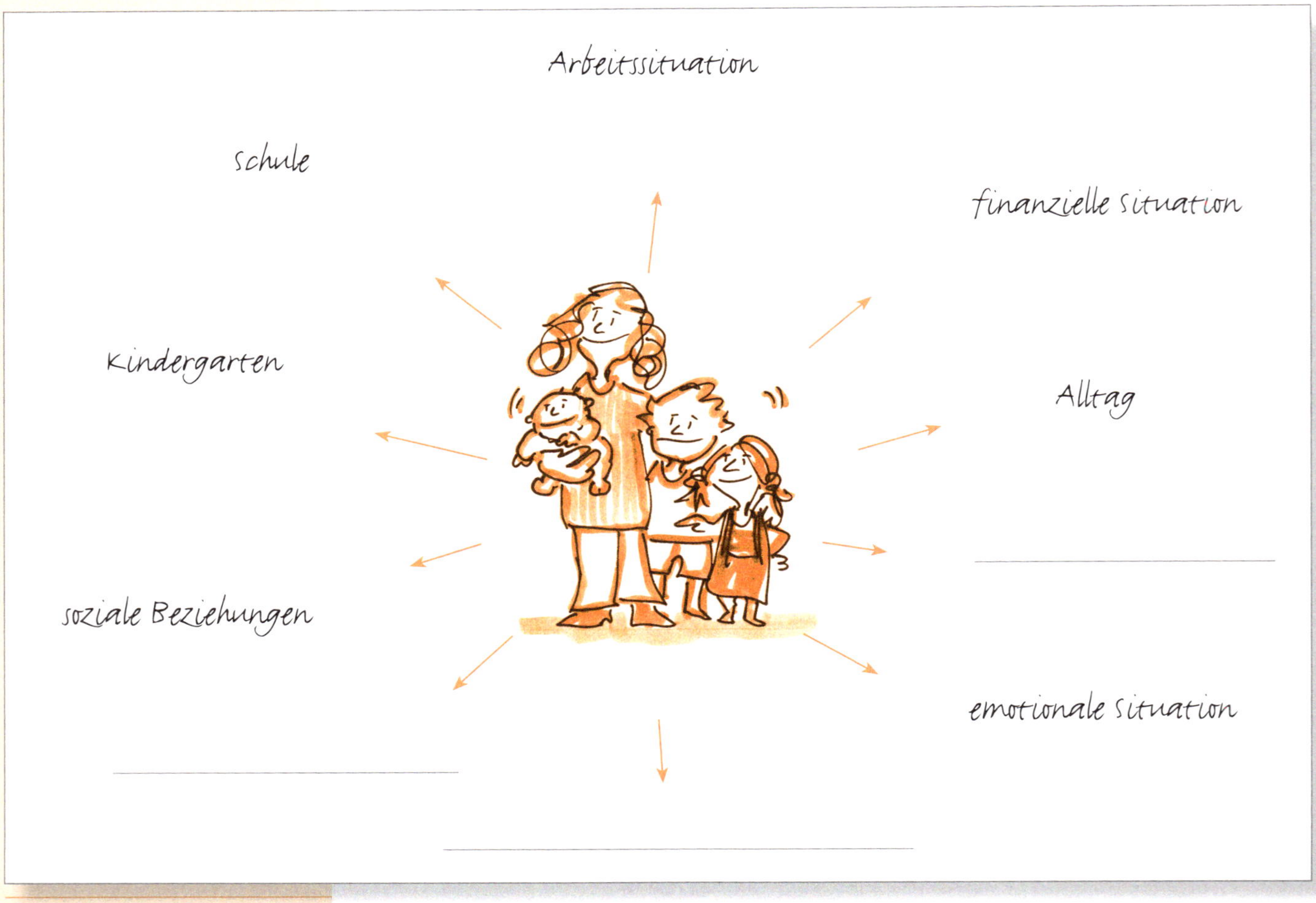

Arbeitssituation

Schule

finanzielle Situation

Kindergarten

Alltag

soziale Beziehungen

emotionale Situation

b) Sammeln Sie anschließend Fragen, die Ihnen zur Lebenssituation der Familie einfallen, und notieren Sie diese.

c) Tauschen Sie sich in der Klasse über Ihre und folgende Fragen aus:
- Welchen Gesamteindruck haben Sie von der Familie?
- Welche Belastungen und Bedürfnisse der Familie kommen zum Ausdruck?
- Welche Ressourcen der Familie bzw. der einzelnen Familienmitglieder können Sie erkennen?
  Notieren Sie die Ressourcen, Belastungen und Bedürfnisse der Familie in die Abbildung.

d) Fassen Sie in der Klasse zusammen, was das Besondere an der Lebenssituation von Alleinerziehenden ist.

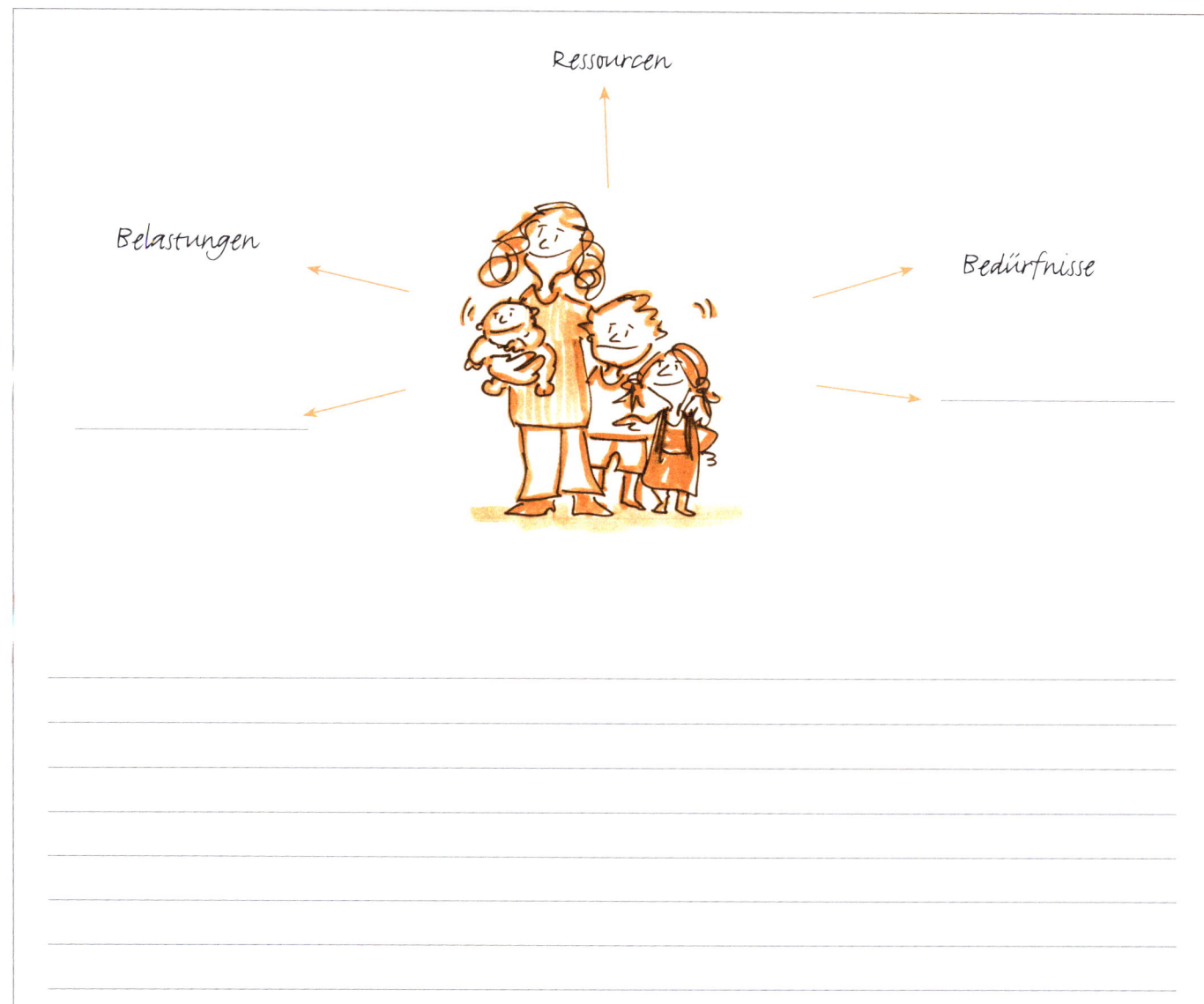

3. Conny macht ihr Praktikum bei Familie Kramer.
   a) Welche Aufgaben hat Conny in der Familie? Notieren Sie diese in Partnerarbeit in die Abbildung.

Connys Aufgaben in der Familie

b) Überlegen Sie,
- warum Familie Kramer die Unterstützung vermutlich erhält,
- welche Lebenssituationen von Familien noch Unterstützung nötig machen können und
- in welchen Formen diese gegeben werden kann.
  Notieren Sie Ihre Ergebnisse in die Tabelle.

Gründe für die Erhaltung von Unterstützung für Familien	Formen von Unterstützung für Familien

c) Tauschen Sie sich in der Klasse über Ihre Ergebnisse aus und ergänzen Sie Ihre Aufzeichnungen.

4. Jakob klagt über Bauchschmerzen. Conny macht hierzu verschiedene Beobachtungen. Sie wusste nicht, was sie tun sollte, und hat Jakob mit einer Wärmflasche
ins Bett gesteckt.

a) Bearbeiten Sie in Einzelarbeit folgende Aufgaben:

- Sammeln Sie aus der Handlungssituation alles, was Conny an Jakob beobachtet, und notieren Sie es.

_____

_____

_____

_____

- Ergänzen Sie in der Abbildung, was Conny darüber hinaus hätte beobachten
oder erfragen können.
- Lesen Sie das Kapitel „Beobachtung und Einschätzung von Schmerzen" im
Fachbuch.
- Vergleichen Sie Ihre Ergebnisse aus den ersten beiden Punkten mit den Krite-
rien zur Schmerzeinschätzung aus dem Fachbuch.
- Fassen Sie Ihre Ergebnisse in der Klasse auf einem Merkblatt zusammen.

Fachbuch
→ S. 418

> *Kriterien zur Schmerzeinschätzung bei Kindern*

b) Sammeln Sie in der Klasse die Reaktionen von Conny auf Jakobs Schmerz-äußerung.

Schätzen Sie gemeinsam Connys Reaktionen ein und überlegen Sie, was Sie an Stelle von Conny noch getan hätten.

5. Conny erzählt: „Die Mutter meinte, Jakob hätte das mit den Bauchschmerzen sicher nur gespielt. Ich war mir da nicht so sicher."

a) Bearbeiten Sie folgende Aufgaben in einer Kleingruppe und notieren Sie Ihre Ergebnisse in der Abbildung:

- Überlegen Sie, welche Gründe die Mutter für ihre Annahme haben könnte.
- Überlegen Sie, warum Conny bezweifelt, dass Jakob die Bauchschmerzen gespielt hat.

- Tauschen Sie sich anhand der folgenden Fragen über Ihre Erfahrungen mit Situationen aus, in denen Kinder oder Sie selbst (Bauch-)Schmerzen hatten:
  - Wie haben Sie sich/wie hat sich das Kind gefühlt?
  - Wo fand die Situation statt?
  - Welche Gründe hatten die Bauchschmerzen bzw. welche Vermutungen haben Sie darüber?
  - Wer hat wie reagiert?
  - Wie wirkte die Reaktion auf Sie/auf das Kind?
  - Welche Reaktionen hätten Sie sich/hätte sich das Kind vermutlich gewünscht?

  Notieren Sie Ihre Ergebnisse in die Abbildung.

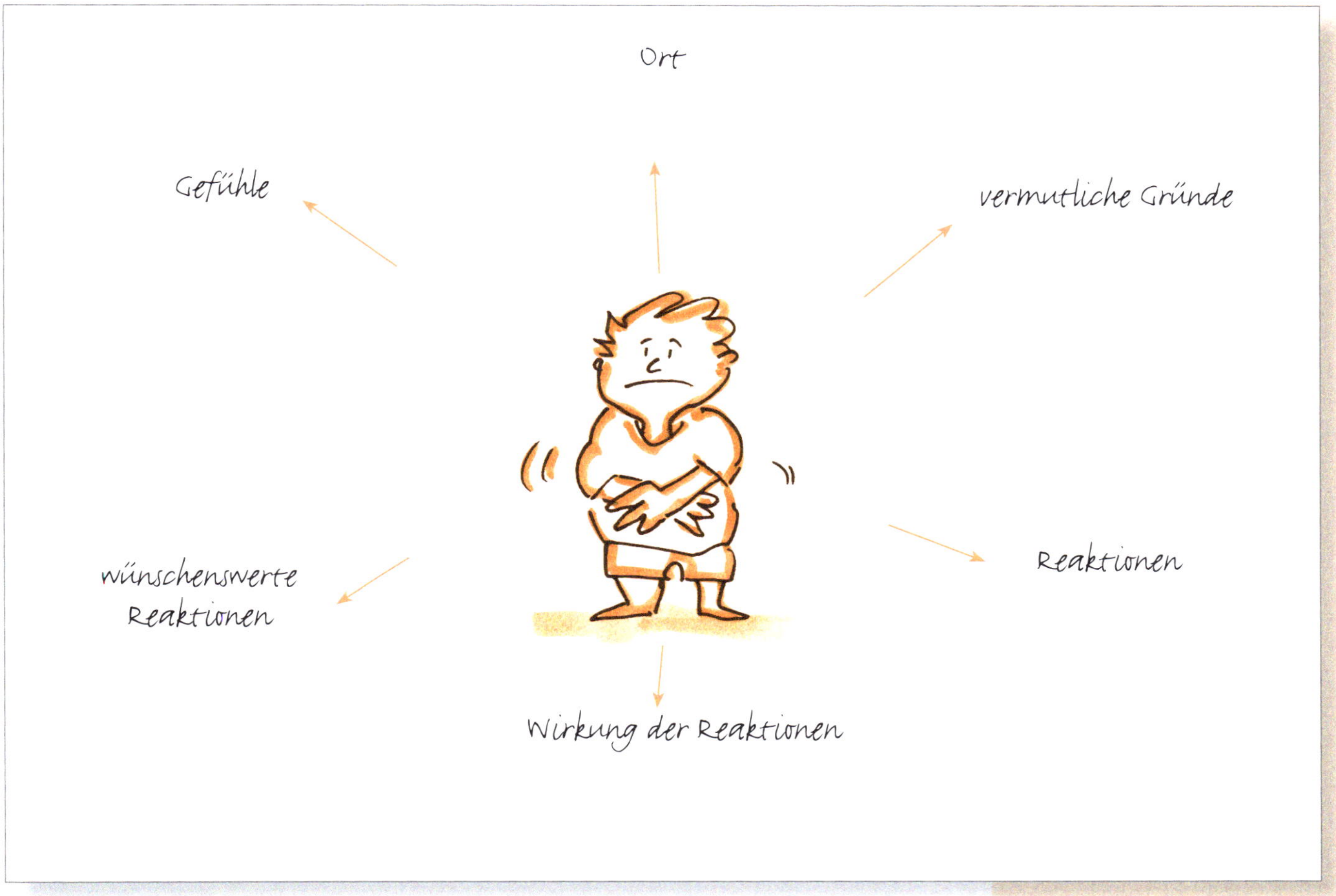

Ort

Gefühle

vermutliche Gründe

wünschenswerte Reaktionen

Reaktionen

Wirkung der Reaktionen

b) Fassen Sie in der Klasse zusammen, welche Gründe bei Kindern zu Bauchschmerzen führen und wie Sie darauf angemessen reagieren können. Ergänzen Sie Ihre Aufzeichnungen.

c) Was würden Sie der Mutter an Stelle von Conny jetzt auf deren Frage „Was ist denn hier los?" antworten? Probieren Sie in der Klasse verschiedene Antworten bzw. Erklärungen zur Situation in **Rollenspielen** aus.
   Überdenken Sie die Rollenspiele jeweils anhand folgender Fragen:
- Wie haben Sie sich als Darstellende gefühlt?
- Konnten Sie als Conny Ihre Entscheidung (Jakob und Olivia zu Hause zu lassen) überzeugend vertreten?
- Fühlten Sie sich als Mutter ernst genommen?

Rollenspiel
→ S. 192

d) Fassen Sie in der Klasse zusammen, welche Reaktionen für alle Beteiligten am angenehmsten waren und wie Sie jetzt in ähnlichen Situationen vorgehen würden.

Für uns war am angenehmsten ...

Ich würde jetzt in ähnlichen Situationen ...

Aufgaben für die Praxis

1. a) Beobachten Sie in Ihrer Einrichtung oder in Familien Kinder, die Schmerzen angeben, anhand der Kriterien zur Schmerzbeobachtung.
   b) Nehmen Sie wahr, wie Bezugspersonen reagieren, wenn ein Kind Schmerzen hat, und welche Auswirkung diese Reaktion auf das Kind hat.
   Tauschen Sie sich mit Ihrer Praxisanleiterin über Ihre Ergebnisse aus.

2. Befragen Sie Ihre Kolleginnen zu deren Erfahrungen in der Familienpflege anhand folgender Fragen:
   - In welchen Situationen erhalten die Familien Unterstützung?
   - Welche Unterstützung erhalten die Familien?
   - Welche Erfahrungen haben Sie damit, Entscheidungen vor den Eltern begründet zu vertreten?
   Notieren Sie Ihre Ergebnisse und bringen Sie diese in die Schule mit.

Literaturtipps

Gerber, Wolf-Dieter; Gerber-von Müller, Gabriele: Kopf- und Bauchweh bei Kindern, Trias Verlag 2003

Jöcker, Detlev:Wenn das Bärchen Bauchweh hat. Geschichten und Lieder zum Gesundwerden, Menschenkinder Verlag 1995

Nitsch, Cornelia; von Schelling, Cornelia: Schule ohne Bauchweh, Goldmann 2001

Unfallschutz

Notfallmaßnahmen

Abläufe in der Kindertagesstätte

- Sie überdenken Ihre eigenen Gefühle und Ihre Handlungsfähigkeit in Notfallsituationen.
- Sie sind für Unfallquellen in der Kindertagesstätte sensibilisiert und wirken an deren Beseitigung mit.
- Sie leiten bei Verletzungen eines Kindes angemessene Notfallmaßnahmen ein, bewahren Ruhe und gehen einfühlsam auf das Kind und gegebenenfalls auf die Eltern bzw. die Bezugspersonen ein.
- Sie nehmen die Wirkung von klar strukturierten Abläufen in der Kindertagesstätte wahr.

„… mit einer Platzwunde über der Nase"

Sarah erzählt von einem Erlebnis aus der Kita:

„Am Dienstag war ich mal kurz alleine in der Gruppe, da meine Praxisanleiterin ein Gespräch hatte. Es war alles in guter Ordnung. Die Kinder spielten. Irgendwann gab ich das Signal, dass sie aufräumen sollten. Ich half ihnen dabei, manche gingen sich die Hände waschen, weil es danach Mittagessen geben sollte. Da kam ein Kind zu mir und sagte: ‚Celina hat Nasenbluten!' Ich machte die Badtür auf und da stand Celina vor mir – mit einer Platzwunde über der Nase. In diesem Moment wusste ich nicht, was ich machen sollte. Ich nahm sie und brachte sie in die Küche, machte ein Handtuch nass und sagte, dass sie es leicht vor die Nase halten sollte. Ich rannte schnell in eine andere Gruppe und holte eine Erzieherin. Sie wusste nicht, was ich wollte, da ich voll aufgebracht war. Ich sagte zu ihr, sie solle schnell mitkommen. Ich zeigte ihr das Kind. Sie versuchte, bei den Eltern anzurufen, und rief dann den Krankenwagen. In der Zeit brachte ich die anderen Kinder in ihre Gruppen zurück. Ich konnte nicht mehr, da ich total durcheinander war. Ich wusste nicht, ob ich alles richtig gemacht habe und wie ich es hätte verhindern können."

Arbeitsaufträge

1. Sarah weiß nicht, ob sie alles richtig gemacht hat.
   a) Überlegen Sie in Einzelarbeit, was Sie Sarah spontan gern sagen möchten. Notieren Sie Ihren Satz auf eine Moderationskarte und befestigen Sie diese an der Pinnwand.

   b) Sortieren Sie die Sätze in der Klasse thematisch, wählen Sie die am häufigsten genannten Sätze aus und übertragen Sie diese in Ihr Arbeitsbuch.

   c) Tauschen Sie sich in der Klasse darüber aus, was in den Sätzen zum Ausdruck kommt (Trost, Schuldzuweisung oder…). Diskutieren Sie, welchen Satz Sie als Sarah annehmen könnten und welchen nicht bzw. welchen Satz Sie gerne hören möchten und welchen nicht.

2. a) Notieren Sie in Einzelarbeit, was die beteiligten Personen in den jeweiligen Szenen der Handlungssituation vermutlich denken und fühlen.

b) Welche Fragen ergeben sich für Sie aus den Gedanken und Gefühlen der Beteiligten? Überlegen Sie dies in der Kleingruppe und notieren Sie die Fragen ins Heft:

_____

_____

_____

_____

_____

_____

Zu einigen Fragen finden Sie im Folgenden Aufgaben, andere können Sie in selbst gewählter Weise bearbeiten.

3. Sarah sagt, sie wusste in dem Moment nicht, was sie machen sollte, als Celina mit einer Platzwunde vor ihr stand, und wie sie den Unfall hätte verhindern können.
    a) Was hätten Sie an Sarahs Stelle gemacht, wenn Celina mit einer Platzwunde vor Ihnen gestanden hätte? Überlegen Sie dies in Einzelarbeit.

    b) Tauschen Sie sich in Kleingruppen über Ihre Antworten aus. Erzählen Sie sich anschließend Ihre Erfahrungen mit selbst erlebten Notfallsituationen.
    • Gehen Sie dabei auf die ersten drei Fragen in der unten stehenden Tabelle ein und halten Sie Ihre Ergebnisse in den Spalten 1 bis 3 fest:

Art der Notfallsituation	Was habe ich gefühlt?	Was habe ich gesagt/getan? (Kindern und Eltern gegenüber)	So schätze ich das Handeln ein…	Welche Unfall- bzw. Gefahren- quellen waren (mit) verant- wortlich?	Wie hätte die Notfallsituation verhindert werden können?

- Überlegen Sie, wie Sie das Verhalten in Ihren erlebten Notfallsituationen ein-schätzen. Begründen Sie Ihre Einschätzung! Notieren Sie Ihre Ergebnisse in Spalte 4 der Tabelle.
- Überlegen Sie, welche Unfall- bzw. Gefahrenquellen zum jeweiligen Notfall geführt oder beigetragen haben. Leiten Sie ab, wie der Notfall hätte verhindert werden können. Notieren Sie Ihre Ergebnisse in Spalte 5 und 6 der Tabelle.
- Stellen Sie Ihre Ergebnisse in der Klasse vor und ergänzen Sie Ihre Tabelle mit Notfallsituationen, die von Ihrer Kleingruppe nicht bearbeitet wurden.

c) Führen Sie in der Klasse **Rollenspiele** zu Ihren Notfallsituationen durch.

Rollenspiel
→ S. 192

- Wählen Sie dazu Situationen aus, mit denen Sie unzufrieden waren, in denen Sie gern anders gehandelt hätten. Stellen Sie die Notfallsituationen möglichst anschaulich dar. Bitten Sie Ihre Lehrerin, Ihnen Materialien zur Verfügung zu stellen (z. B. Verbandsmaterial, Schminke).
- Werten Sie die Rollenspiele anhand folgender Fragen aus:
  - Wie haben Sie sich in der Rolle der Verletzten gefühlt?
  - Wie haben Sie sich in der Rolle als Ersthelfende gefühlt? Was ist Ihnen gut gelungen und was weniger gut?
  - Was ist Ihnen als Beobachterinnen aufgefallen?
  - Welche anderen Handlungsmöglichkeiten hätte es in dieser Situation gege-ben?

d) Sammeln Sie in der Klasse nochmals alle Notfallmaßnahmen, die Sie kennen. Wählen Sie zwei Schülerinnen aus, die diese Maßnahmen einzeln auf Modera-tionskarten schreiben und an die Pinnwand heften.

e) Bringen Sie die Notfallmaßnahmen für drei von Ihnen erlebte Situationen aus Aufgabe 3 b) in eine Reihenfolge. Notieren Sie Ihre Ergebnisse mit einem Blei-stift in die Abbildung.

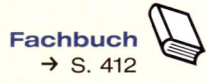
Fachbuch
→ S. 412

f) Lesen Sie in Einzelarbeit im **Fachbuch** das Kapitel über das Vorgehen in Notfallsituationen.

g) Übertragen Sie das Gelesene auf die drei Notfallsituationen aus 3 e). Vergleichen Sie in der Klasse Ihre notierten Abfolgen der Notfallmaßnahmen mit den empfohlenen Abfolgen im Fachbuch. Korrigieren Sie ggf. Ihre Notizen aus 3 e).

h) Erarbeiten Sie ein Merkblatt zur Vorgehensweise in Notfallsituationen, welche für Sie als Praktikantin gilt.

Merkblatt zur Vorgehensweise in Notfallsituationen

4. Sarah erzählt, dass die Erzieherin zuerst die Eltern und dann den Krankenwagen angerufen hat.

a) Was hat die Erzieherin vermutlich am Telefon zu den Eltern und zum Rettungsdienst gesagt? Notieren Sie in Einzelarbeit ihre Sätze wörtlich in die Sprechblasen.

Eltern   Erzieherin   Rettungsdienst

b) Notieren Sie, wie Sie dieses Vorgehen vor dem Hintergrund Ihrer Erkenntnisse aus Aufgabe 3 einschätzen.

c) Tauschen Sie sich in der Klasse über Ihre Ergebnisse aus. Korrigieren Sie wenn nötig Ihre Notizen.

5. Sarah erzählt: „Es war alles in guter Ordnung. Die Kinder spielten. Irgendwann gab ich das Signal, dass sie aufräumen sollten."
a) Überlegen Sie in der Klasse, was Sarah damit meinen könnte.

b) Sammeln Sie zunächst in Einzelarbeit, welche vereinbarten Signale für bestimmte Tätigkeiten bzw. zur Strukturierung von Abläufen Sie kennen. Gehen Sie dabei gedanklich einen ganzen Tag in der Kita durch.

c) Stellen Sie die Signale – wenn möglich nonverbal – in der Klasse vor. Die anderen Schülerinnen versuchen zu verstehen, was das Signal bedeuten soll.

d) Tragen Sie alle Signale und was sie auslösen sollen in die Spalten 1 und 2 der folgenden Tabelle ein:

Signal	Was soll ausgelöst werden?	Warum wird das Signal gebraucht?

e) Tauschen Sie sich über die Bedeutung der Signale bzw. darüber aus, warum sie gebraucht werden. Notieren Sie Ihre Ergebnisse in die dritte Spalte der Tabelle. Diskutieren Sie in diesem Zusammenhang auch Möglichkeiten von Unfallverhütung durch strukturierte Abläufe.

Aufgaben für die Praxis

1. Nehmen Sie das erarbeitete Merkblatt aus Aufgabe 3 h) mit in Ihre Praxiseinrichtung und sprechen Sie dort mit der Arbeitsschutzverantwortlichen über Notfallmaßnahmen und deren Reihenfolge. Vergleichen Sie Ihr Merkblatt mit eventuell vorhandenen Vorgaben. Kommen Sie mit der Arbeitsschutzverantwortlichen über Abweichungen ins Gespräch.

2. Erkundigen Sie sich, wo sich in Ihrer Praxiseinrichtung der Notfallkasten befindet und wer dafür verantwortlich ist. Gehen Sie den Inhalt des Notfallkastens durch und fragen Sie gegebenenfalls Ihre Praxisanleiterin, wofür die einzelnen Materialien verwendet werden.

3. Beobachten Sie immer wiederkehrende Abläufe im Tagesgeschehen und nehmen Sie deren Bedeutung bzw. deren Wirkung auf die Kinder und die Erzieherinnen wahr. Schreiben Sie ein zeitlich genaues Beobachtungsprotokoll über einen Tag. Nehmen Sie dieses Protokoll zur Auswertung mit in die Schule.

4. Beobachten Sie Ihre Kolleginnen, ob sie bestimmte Signale benutzen, um Tätigkeiten anzukündigen oder zu beenden. Machen Sie sich dazu Notizen und bringen Sie diese in die Schule mit.

5. Überprüfen Sie anhand Ihrer Tabelle aus Aufgabe 3 b) mögliche Gefahren- bzw. Unfallquellen in Ihrer Praxiseinrichtung. Kommen Sie mit Ihrer Praxisanleiterin darüber ins Gespräch, wie Unfälle verhindert werden können.

Beobachtung

Umgang mit kranken Kindern

Diabetes mellitus

Einsatzort Schulhort

- Sie nehmen Veränderungen bei Kindern aufmerksam wahr und geben Ihre Wahrnehmungen an die Verantwortlichen weiter.
- Sie berücksichtigen bei der Freizeitgestaltung im Hort die Erfordernisse von Kindern, die an Diabetes erkrankt sind. In kritischen Situationen im Zusammenhang mit Diabetes reagieren Sie angemessen.
- Sie überdenken Ihre subjektiven Theorien zur „Zuckerkrankheit".

„Zuckerkrankheit – das haben doch nur alte Leute!"

Florian erzählt einer Mitschülerin von seinem Praktikum im Hort:

„Stell dir vor, der junge Toni bei uns im Hort kann super Fußball spielen. In letzter Zeit ging er andauernd fix und fertig aus dem Spiel, um etwas zu trinken. Und seine Lehrerin meinte, dass Toni seit einigen Wochen sehr unkonzentriert ist und sich kaum am Unterricht beteiligt. Im Gespräch mit der Mutter stellte sich heraus, dass sie auch schon bemerkt hatte, dass Toni immer so schlapp ist.
Zunächst dachten alle, dass seine Abgeschlagenheit vielleicht daran liegen könnte, dass er zu wenig isst. Doch seltsamerweise aß er sehr viel.
Jedenfalls ging die Mutter dann mit ihm zum Arzt und es stellte sich heraus, dass er die Zuckerkrankheit hat. Ich kann das gar nicht verstehen, dass ein Elfjähriger das hat – das haben doch nur alte Leute. Kommt das von zu vielen Süßigkeiten?"

Arbeitsaufträge

1. Florian kann gar nicht verstehen, dass ein elfjähriges Kind die „Zuckerkrankheit" haben kann. Er fragt sich, ob das „von zu vielen Süßigkeiten" kommt.

   a) Notieren Sie in Einzelarbeit, was Sie Florian spontan dazu sagen möchten.

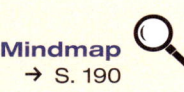
Mindmap
→ S. 190

   b) Tragen Sie in Kleingruppen Ihr Wissen zum Thema Diabetes in einem **Mindmap** zusammen.

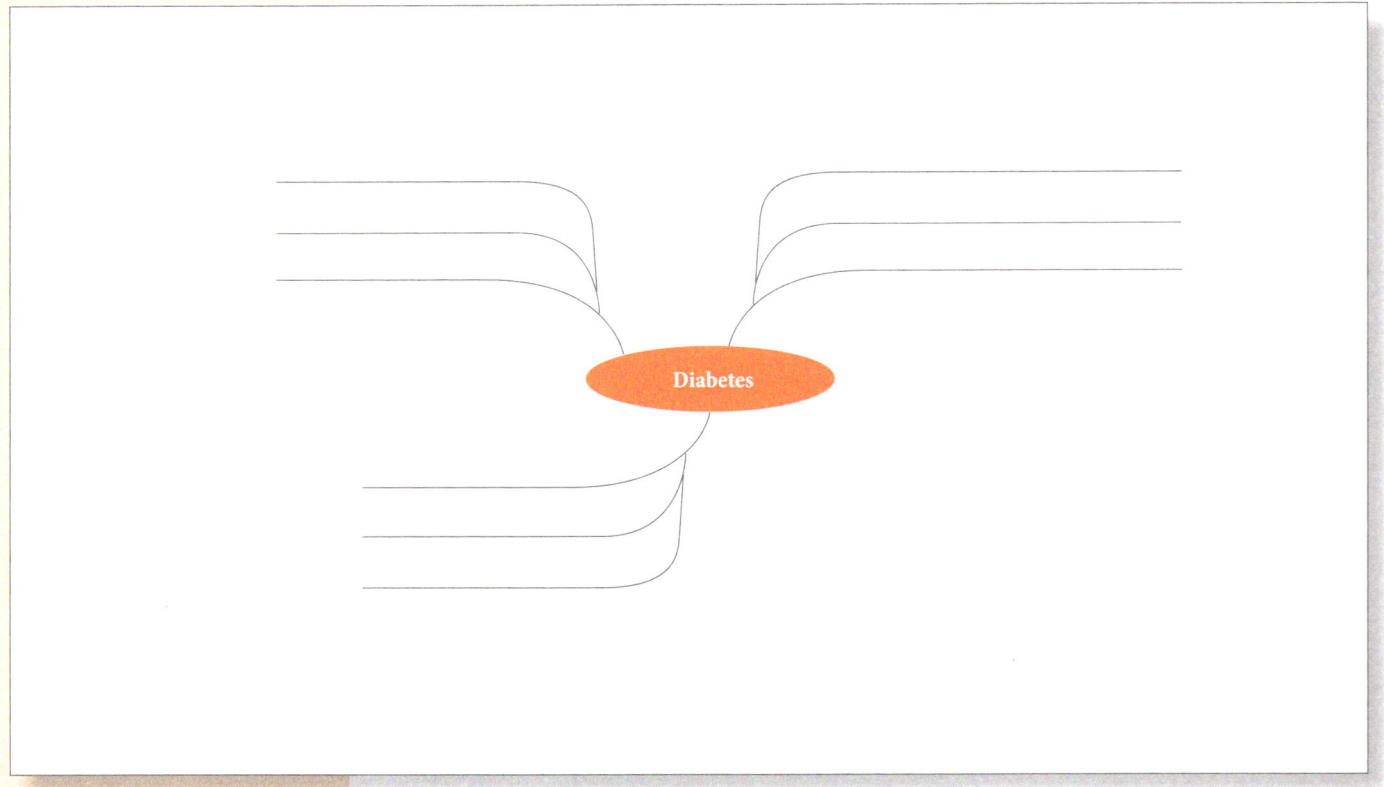

Fachbuch
→ S. 399

Plakat
→ S. 191

   c) Lesen Sie im **Fachbuch** das Kapitel Zuckerkrankheit (Diabetes mellitus) und ergänzen bzw. korrigieren Sie Ihr Mindmap. Übertragen Sie das Mindmap auf ein **Plakat**.

   d) Stellen Sie Ihre Plakate in der Klasse vor und tauschen Sie sich über offene Fragen aus.

e) Überprüfen Sie Ihre spontane Reaktion auf die Äußerung von Florian und notieren Sie, was Sie jetzt sagen würden.

2. Florian berichtet, dass er, die Lehrerin und die Mutter in letzter Zeit Veränderungen an Toni beobachtet haben.

a) Bearbeiten Sie folgende Fragen in einer Kleingruppe:

- Welche Veränderungen haben die Beteiligten in der Handlungssituation an Toni wahrgenommen? Sammeln Sie die Aspekte in Einzelarbeit aus der Handlungssituation.

- Welche Veränderungen könnten bei Toni noch sichtbar sein? Ergänzen Sie Ihre Aufzeichnungen. Beziehen Sie auch Ihre Erkenntnisse aus Aufgabe 1 ein.

- Weshalb sind diese Beobachtungen für Sie als Betreuende so wichtig? Was könnte passieren, wenn Informationen nicht weitergegeben werden?

  Die Beobachtungen sind wichtig, weil…

  _____

  _____

  _____

  _____

  _____

- Überlegen Sie, in welchen Lebensbereichen bzw. Lebenssituationen Toni auf Grund seiner Erkrankung noch Einschränkungen erleben könnte.

b) Tauschen Sie sich über Ihre Ergebnisse in der Klasse aus.

c) Erzählen Sie sich Notfallsituationen, die Sie selbst schon mit Menschen, die an Diabetes mellitus leiden, erlebt haben. Nutzen Sie folgende Fragen:
- Was genau ist passiert?
- Wie haben Sie bzw. die beteiligten Personen reagiert?
- War die Diabeteserkrankung vor dem Vorfall schon bekannt?
- Unter welchem Diabetestyp litt die Person?
- Was könnte eine mögliche Ursache für den Notfall gewesen sein?
- Was haben Sie aus dieser Notfallsituation gelernt?

d) Erstellen Sie unter Einbezug Ihrer Erfahrungen gemeinsam eine Checkliste für Notfallsituationen mit Menschen, die an Diabetes mellitus leiden. Die Checkliste soll folgende Aspekte beinhalten:

- Was sind „kritische Situationen" für einen Diabetiker bzw. mögliche Ursachen für einen Notfall?
- Welche Anzeichen eines Notfalls kann ich beobachten?
- Welche Erstmaßnahmen kann ich einleiten?
- Welche Utensilien gehören in ein Notfallset für Diabetiker?

> *Checkliste für Notfallsituationen mit Menschen, die an Diabetes mellitus leiden*

e) Tauschen Sie sich abschließend darüber aus, ob Sie in Ihrer Einrichtung Kinder und Jugendliche mit vergleichbaren Erkrankungen betreut haben, für die Sie über Notfallmaßnahmen Bescheid wissen müssen.

3. Florian schildert seinen Mitschülern, dass er Toni im Hort betreut.

Plakat
→ S. 191

a) Gestalten Sie in Kleingruppen ein **Plakat** für den Hort mit allen Aspekten, die die Erzieherinnen und Praktikantinnen von Toni wissen sollten. Suchen Sie dazu Diabetes-Beratungsstellen auf und recherchieren Sie, was bei der Tagesgestaltung im Schulhort bei Kindern mit Diabetes zu beachten ist. Gehen Sie auch auf die Zusammenarbeit mit den Eltern ein.

b) Stellen Sie Ihre Plakate in der Klasse aus. Diskutieren Sie, welche Auswirkungen Erkrankungen von Kindern auf Ihre Arbeit im Hort und die Zusammenarbeit mit den betroffenen Eltern haben.

Aufgaben für die Praxis

1. Erkunden Sie, ob es in Ihrer Praktikumseinrichtung Kinder mit Diabetes gibt. Informieren Sie sich in einem Gespräch mit Ihrer Praxisanleiterin zu folgenden Fragen:
   - Wann wurde die Erkrankung bei den Kindern diagnostiziert?
   - Gab es bereits Notfallsituationen? Wie wurden die Situationen bewältigt? Was hat dabei geholfen?
   - Was sollten alle, die diese Kinder betreuen, wissen?
   - Wie wird mit Gewohnheiten und Wünschen der Kinder umgegangen?
   - Welche Absprachen gibt es mit den Familien?
   - Gibt es ein Notfallset für Diabetiker im Hort? Was ist in diesem Set und wo wird es aufbewahrt?
   - Wen muss ich in der Notfallsituation verständigen?

2. Kommen Sie mit den Eltern der Kinder über folgende Fragen ins Gespräch:
   - Welche Auswirkungen hat die Erkrankung auf Ihr Familienleben?
   - Wie gehen Sie mit der Erkrankung um?
   - Was weiß Ihr Kind über die eigene Erkrankung und wie geht es damit um?
   - Was muss ich Ihrer Meinung nach bei der Betreuung Ihres Kindes besonders beachten?
   - Was sind kritische Situationen für Ihr Kind?

3. Kommen Sie mit den Kindern über folgende Fragen ins Gespräch:
   - Was weißt du über deine Erkrankung?
   - Wie fühlst du dich mit deiner Erkrankung?
   - Wie und wo spürst du, wenn es dir nicht gutgeht?
   - Wovor hast du Angst?
   - Was wünschst du dir?

   Fertigen Sie zu allen Gesprächen Notizen an und bringen Sie diese in die Schule mit.

4. Gestalten Sie eine Freizeitbeschäftigung für Kinder, die an Diabetes erkrankt sind. Tauschen Sie sich mit Ihrer Praxisanleiterin über Ihre Erfahrungen aus.

Literaturtipps

www.diabetes-deutschland.de

www.deutsche-diabetes-gesellschaft.de

www.diabetes-webring.de

Haller, N.: Die erfolgreiche Diabetesschulung – 150 lebensnahe und pfiffige Schulungsideen. Urban & Fischer Verlag 2008

Schmeisel, G.-W.: Schulungsbuch für Diabetiker (6. Auflage). Urban & Fischer Verlag 2007

Methodenteil

Die in diesem Arbeitsbuch verwendeten Sozialformen (Einzelarbeit, Partnerarbeit, Gruppenarbeit, Plenum) und Methoden sind durchgängig als Empfehlungen der Autorinnen zu verstehen. Variationen sind in vielfältiger Weise möglich und stehen allen Lehrenden frei.

Im Folgenden soll ein Überblick über die in diesem Arbeitsbuch vorgeschlagenen Unterrichtsmethoden gegeben werden.

4-Ecken-Methode

Ziel der 4-Ecken-Methode ist es, sich über die eigene Position klar zu werden, darüber ins Gespräch zu kommen oder gegebenenfalls einen neuen Standpunkt zu finden. Sie bietet weiterhin die Möglichkeit, sich zu bestimmten Aussagen oder „Reizwörtern" zu positionieren.

In jeder Ecke eines Klassenraumes wird eine Aussage oder eine bestimmte Anzahl von „Reizwörtern" platziert (z. B. auf ein Plakat geschrieben und an die Wand gehängt). Die Schülerinnen gehen nacheinander zu den Ecken, lesen die Positionen und diskutieren darüber mit den anderen Schülerinnen, die gerade in dieser Ecke stehen. Am Ende bleiben sie an einer Ecke stehen: Entweder da, wo sie sich besonders wiederfinden mit ihrer Meinung, oder da, wo sie am meisten Ablehnung gegenüber der Aussage empfinden. Die entstandenen Kleingruppen tauschen sich noch einmal über die Position aus und stellen ihre Argumente/Überlegungen den anderen vor. Variationen sind möglich.

Brainstorming

Das Brainstorming ist eine von Alex Osborn erfundene und von Charles Hutchison Clark weiterentwickelte Methode zur Ideenfindung. Hutchison benannte sie nach der Idee dieser Methode, nämlich „using the brain to storm a problem" (wörtlich: das Gehirn verwenden zum Sturm auf ein Problem). Diese Methode soll die Erzeugung von neuen, ungewöhnlichen Ideen in einer Gruppe von Menschen fördern. Dabei werden in einer Gruppe schnell und ohne Bewertung Begriffe und Assoziationen zu einem Wort bzw. Problem gesucht und z. B. an einem Flipchart ungeordnet festgehalten.

Clustern

Die Arbeit mit Clustern ist eine dem Mindmapping verwandte Methode. Hierbei gibt es verschiedene Vorgehensweisen.

A Zu einem Ausgangbegriff (1) werden Assoziationen (2) gesucht, die visualisiert und durch Linien mit dem Ausgangbegriff verbunden werden. Diese Assoziationen (2) stellen dabei wieder neue Ausgangsbegriffe dar, für die wieder neue Assoziationen (3) gefunden werden. Dieses Schema kann beliebig weitergeführt werden.

B. Es werden Begriffe wie in einem Brainstorming gesammelt, um anschließend in Gruppen „geclustert" zu werden. In diesen Clustern finden sich verwandte Begriffe, zu denen dann Überschriften benannt werden.

Beispiel:

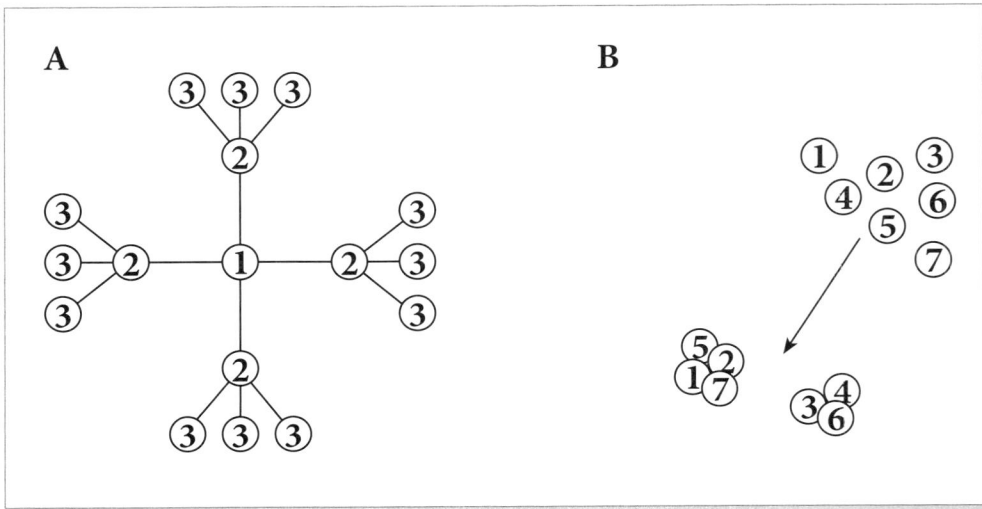

Collage

In Collagen stellen Schülerinnen Phänomene/Sachverhalte durch verschiedene Materialien (z. B. Zeitungsausschnitte, Bastelmaterialien, Broschüren) auf einer Oberfläche (z. B. Papier, Holz) dar.
Folgendes muss berücksichtigt werden:
• Es muss ausreichend Material vorhanden sein.
• Die Schülerinnen brauchen genügend Zeit, um die Collage zu erstellen und vorzustellen.

Gruppenpuzzle

Die Methode eignet sich vor allem zur Einführung neuer Themenbereiche oder zum Bearbeiten umfangreicher Problem- oder Aufgabenstellungen. Es ist wichtig, dass die folgenden Schritte eingehalten werden:

1. Alle Schülerinnen erhalten eine Aufgabenstellung/Problemstellung, die Teilaufgaben umfasst.
2. Nun werden Stammgruppen zu maximal sechs Schülerinnen gebildet. Innerhalb der Stammgruppe wird jetzt die Aufgabenstellung in die Teilaufgaben zergliedert, jede Schülerin erhält ihre spezielle Teilaufgabe und wird somit zur Expertin für diese Teilaufgabe.
3. Jetzt finden sich alle Schülerinnen mit der gleichen Teilaufgabe in einer Expertengruppe zusammen und lösen gemeinsam ihre Aufgabe. Am Ende hat jede Expertin das Ergebnis der gemeinsamen Arbeit vorliegen.
4. Mit diesem Ergebnis gehen alle Expertinnen zurück in ihre ursprüngliche Stammgruppe und jede Expertin stellt den Mitgliedern ihrer Stammgruppe die Ergebnisse aus der Expertengruppe vor.

Am Ende empfiehlt sich eine Auswertung der Ergebnisse und der Vorgehensweise im Plenum.

Expertengruppen:	Stammgruppen:
Gruppe 1: A1-B1-C1-D1-E1	Gruppe A: A1-A2-A3-A4-A5
Gruppe 2: A2-B2-C2-D2-E2	Gruppe B: B1-B2-B3-B4-B5
Gruppe 3: A3-B3-C3-D3-E3	Gruppe C: C1-C2-C3-C4-C5
Gruppe 4: A4-B4-C4-D4-E4	Gruppe D: D1-D2-D3-D4-D5
Gruppe 5: A5-B5-C5-D5-E5	Gruppe E: E1-E2-E3-E4-E5

Kopfstandmethode

Diese Methode funktioniert nach einem simplen Schema. Die meisten Menschen können leichter Aspekte benennen, die sie an einer Sache stören, als jene, die ihnen gefallen. Das macht man sich zu Nutze und stellt eine „negative" Frage, z. B.: „Wie schaffe ich es, nicht erfolgreich zu sein?" Die Antworten werden dann im zweiten Schritt ins Positive umgekehrt.

Lernplakat

Ein Lernplakat hat den Zweck, einen erarbeiteten Sachverhalt in optisch und inhaltlich gut aufbereiteter Form darzustellen. Man muss das Lernplakat dem Publikum ohne weiteren Kommentar zur Verfügung stellen, sollte es aber auch als Grundlage für eine Erläuterung des Sachverhalts verwenden können. In diesem Beispiel soll das abgebildete Lernplakat helfen, den beschriebenen Sachverhalt zu erarbeiten.
Also: Ein Lernplakat zum Thema Lernplakat.

Marktplatzmethode

Bei der Marktplatzmethode bereiten die Schülerinnen in Gruppen zu einem von ihnen gewählten oder einem vorgegebenen Thema einen Marktstand vor. Dazu können sie alle Medien nutzen, die ihren Zuschauerinnen die Inhalte ihres Projektes sinnvoll vermitteln. Im Anschluss wird ein Markt veranstaltet, zu welchem alle Gruppen ihre Ergebnisse präsentieren. Mindestens ein Gruppenmitglied sollte immer am „Marktstand" anwesend sein, um Fragen der „Kundinnen" beantworten zu können. Die „Kundinnen" laufen über den Markt und informieren sich an den jeweiligen Ständen zu den verschiedenen Themen. Sie stellen Fragen, beurteilen oder bewerten jedoch nicht die Ergebnisse.

Die Marktplatzmethode kann unterschiedlich ausgewertet werden. Entweder treffen sich alle im Plenum und diskutieren die Ergebnisse, oder es werden Auswertungsbögen genutzt, um den Gruppen ein gezieltes Feedback zu geben.

Bei einer Variante dieser Methode wird ein „Marktplatz" eröffnet, auf dem sich Lernende treffen und mit denjenigen über ein bestimmtes Thema sprechen, die sie gerade treffen.

Metaplanwand

Die Metaplanwand stellt eher ein Medium als eine konkrete Methode dar. Sie bietet die Möglichkeit, Karten oder andere Materialien in bestimmten Ordnungsmustern an einer Textilwand anheften zu können.

Methoden wie Brainstorming oder Cluster können an der Metaplanwand vollzogen werden. Ebenso kann – falls keine Metaplanwand vorhanden ist – auch eine Tafel mit Magneten oder Klebestreifen genutzt werden.

Mindmap

In einem Mindmap werden Erkenntnisse, Vorwissen, Gedanken und Gefühle der Schülerinnen, z. B. an der Tafel, gesammelt. In einem zweiten Schritt werden die einzelnen Begriffe so geordnet, dass eine „Landkarte" (engl. = map) entsteht. Begriffe können z. B. durch Linien miteinander verbunden oder verschiedenfarbig markiert werden.

Es bietet sich an, die Begriffe auf Kärtchen schreiben zu lassen, um sie an der Tafel leichter ordnen zu können.

Plakat

Ein Plakat ist eine Möglichkeit, Ergebnisse von Gruppenarbeiten o. Ä. zu visualisieren, also zu verbildlichen. Dabei sollten gestalterische Elemente im Vordergrund stehen. Um ein wirkungsvolles Plakat zu erstellen, müssen folgende Vorüberlegungen getroffen werden:

- Wer ist meine Zielgruppe (z. B. Mitschülerinnen, Patientinnen)?
- Welche Materialien stehen mir zur Verfügung (z. B. Stifte, Zeitungsausschnitte)?
- Lesbarkeit des Plakats (wie nah kommen die Lesenden an das Plakat heran?)
- Welche Inhalte eignen sich für ein Plakat? Welche Informationen will ich darstellen?

Sollten Sie den Text mit dem Computer schreiben, sollte die Schriftgröße keinesfalls kleiner als 24 Pt sein. Bedenken Sie, dass ein Plakat umso eindrucksvoller wirkt, je mehr Text illustriert wird.

Pro-und-Kontra-Diskussion

Hierbei nehmen Schülerinnen unabhängig von ihrer eigenen Meinung eine Position ein, um diese dann in einer „öffentlichen" Diskussion zu vertreten. Dabei schulen sie ihre Fähigkeit, sich auf andere Standpunkte einzulassen und logisch zu argumentieren.

Es ist wichtig, dass im Vorfeld Spielregeln für die Diskussion erarbeitet werden, an die sich alle Beteiligten halten.

Rollenspiel

Im Rollenspiel versetzen sich die Schülerinnen in durch eine Spielanleitung vorgegebene, selbst erdachte bzw. selbst erlebte Rollen und spielen diese nach. Im Anschluss wird das Rollenspiel in der Gruppe oder im Plenum ausgewertet.

Schreibgespräch

Beim Schreibgespräch halten die Schülerinnen ihre Ansichten oder ihr Wissen schriftlich fest. Dazu dient ein Plakat oder ein großes Papier als Grundlage für das Gespräch. Eine Schülerin beginnt und schreibt einen Satz auf das Plakat. Danach wird das Plakat weitergereicht und die nächste Schülerin schreibt einen Satz. Dabei kann sie, muss aber nicht, Bezug zu dem vorher formulierten Satz nehmen. Nach einer bestimmten Zeit oder einer bestimmten Anzahl von „Schreibrunden" wird das Schreibgespräch entweder in der Gruppe oder im Plenum ausgewertet.
Beim Schreibgespräch findet keine verbale Kommunikation statt.

Standbild

In einem Standbild wird der Körper der Schülerinnen als Medium zum Ausdruck von Situationen und daraus entstehenden Gefühlen genutzt. Ein Mitglied der Lerngruppe gibt hierbei den „Regisseur"; dieser „modelliert" aus den Mitschülerinnen ein Standbild, indem er Arme, Beine oder den Kopf in bestimmte Haltungen bringt.

Für die Wirkung des Standbildes ist es wichtig, dass währenddessen nicht gesprochen wird. Eine Auswertung des Standbildes kann im Anschluss erfolgen. Hierbei können die Schülerinnen ihre Eindrücke als Darsteller oder Beobachter diskutieren.

Stimmenchor

Auch der Stimmenchor ist eine Methode des szenischen Spiels. Hierbei sitzt eine Protagonistin in der Mitte eines offenen Stuhlkreises und beschreibt ihre Situation. Die anderen Teilnehmerinnen werden zu Beobachterinnen. Sie werden von der Spielleiterin aufgefordert, die Protagonistin in eine Haltung zu bringen, die eine bestimmte Szene der Situation repräsentiert. Im Anschluss überlegen die Beobachterinnen, welche Gedanken der Protagonistin in diesem Moment durch den

Kopf gegangen sein könnten, und sprechen nacheinander diesen Gedanken hinter der Protagonistin stehend aus. Jeder ausgesprochene Gedanke entspricht dabei einer „Stimme". Nun dirigiert die Spielleiterin diese Stimmen, indem sie die Beobachterinnen immer wieder auffordert, ihre „Stimme" zu äußern. Die Protagonistin entscheidet dabei, welche „Stimmen" nicht passen oder fehlen oder welche nur am Rande eine Rolle spielen. Der Stimmenchor wird so lange wiederholt, bis die Protagonistin zufrieden ist.

Szenisches Spiel

Das szenische Spiel umfasst eine Vielzahl von Darstellungsmöglichkeiten, in welchen die Gelegenheit geboten wird, problematische oder widersprüchliche Handlungssituationen spielerisch zu erfahren. Im Vordergrund stehen Erfahrungen, Gefühle und Verhaltensmuster von Lernenden oder anderen Mitgliedern der Gesellschaft, die im szenischen Spiel „lebendig" werden.
Die Durchführung eines szenischen Spiels bedarf einer eingehenden Vor- und Nachbereitung durch die Lehrenden und gegebenenfalls einer entsprechenden Ausbildung.

Wandzeitung

Bei einer Wandzeitung werden die Ergebnisse einer Aufgabenstellung oder eines Projekts in Form von Texten und Bildern an der Wand platziert. Dabei sollte der Aufbau dem einer Zeitung entsprechen. Das bedeutet, dass Überschriften, Einleitungen und Absätze genauso wie Bilder und Grafiken die Wandzeitung strukturieren. Eine weitere Möglichkeit besteht darin, genauso wie in einer Tageszeitung verschiedene „Ressorts" zu bilden, z. B. Aktuelles, Historisches, Aus der Forschung.

Bildquellenverzeichnis:

Alamy RF/ Jack Sullivan: S. 136
Krüper, W., Bielefeld: S. 8, S. 15, S. 25, S. 31, S. 39, S. 48, S. 55, S. 63, S. 78, S. 85, S. 93,
S. 101, S. 109, S. 119, S. 123, S. 131, S. 152, S. 157, S. 165, S. 173, S. 181
Shutterstock: S. 117, S. 145
Welz, N., Berlin: S. 9, S. 12, S. 16, S. 17, S. 19, S. 20, S. 26, S. 28, S. 32, S. 33, S. 37, S. 40,
S. 42, S. 43, S. 44, S. 45, S. 49, S. 50, S. 52, S. 53, S. 56, S. 59, S. 61, S. 64, S. 66, S. 67, S. 72,
S. 74, S. 75, S. 79, S. 80, S. 82, S. 83, S. 86, S. 88, S. 94, S. 95, S. 97, S. 98, S. 99, S. 102, S. 103,
S. 104, S. 106, S. 107, S. 110, S. 111, S. 112, S. 113, S. 114, S. 115, S. 120, S. 121, S. 124,
S. 125, S. 126, S. 128, S. 132, S. 133, S. 134, S. 137, S. 138, S. 139, S. 140, S. 148, S. 153,
S. 154, S. 158, S. 159, S. 161, S. 163, S. 166, S. 167, S. 170, S. 171, S. 172, S. 174, S. 175,
S. 176, S. 178, S. 179, S. 182, S. 183, S. 184, S. 187, S. 188, S. 190, S. 191, S. 192, S. 193,
S. 194
www.pixelio.de/Rolf van Melis: S. 71

**Wir danken den folgenden Einrichtungen für die freundliche Unterstützung bei
der Entstehung der Fotos:**
Bürgerhaus e.V.
Kindertagesstätte Knirpsenland, Berlin-Pankow
Kindertagesstätte Krümelkiste, Berlin-Pankow

Reckenberg-Berufskolleg, Rheda-Wiedenbrück